KB262570

전라도 역사 이야기

전라도 역사 이야기

초판 1쇄 발행 2013년 2월 28일
초판 2쇄 발행 2014년 2월 28일
초판 3쇄 발행 2019년 8월 31일

저 자 ㅣ 무등역사연구회
발행인 ㅣ 윤관백
발행처 ㅣ 선인

등록 ㅣ 제5-77호(1998.11.4)
주소 ㅣ 서울시 마포구 마포동 324-1 곳마루 B/D 1층
전화 ㅣ 02)718-6252/6257   팩스 ㅣ 02)718-6253
E-mail ㅣ sunin72@chol.com

정가 16,000원
ISBN 978-89-5933-604-3 93910

전라도 역사 이야기

무등역사연구회

선인

머리말

　우리는 전라도 지역사를 시민과 학생들에게 알기 쉽게 전달하고자, 2001년에 『광주·전남의 역사』라는 책을 펴냈다. 그런데 20여 명의 필자가 집필에 참여하여 글의 수준과 스타일에 일정하지 않은 점이 있었다. 또한 한국사의 흐름 속에서 전라도 역사의 특성을 드러내는 데에 미처 다루지 못한 주제도 있었다. 이런 부족한 점을 보완하여 이 책을 펴내게 되었다.

　전라도는 지형적으로 서남 양면이 바다로 둘러싸여 있으며, 온난하고 강우량이 많은 기후에 비옥한 평야가 넓은 편이다. 이런 점 때문에 각종 물산이 풍부하여 국가 경제에서 차지하는 비중이 높은 곳이었다. 또한 많은 인물을 배출하여 국가와 민족을 위하고 학문과 문화 창달에 이바지했다. 때로는 기존의 정치체제와 정권에 저항하는 항쟁의 불길을 높이 쳐들어 역사의 흐름을 바꾸는 데에 앞장서기도 했다. 우리는 이러한 점들을 정리하여 우리 지역의 정체성을 드러내 보이고자 이 책을 펴냈다.

여기에서는 전라도 역사 전체를 다섯 시기로 나누어 다섯 명의 필자가 대표로 정리하고 집필했다. 우리 지역을 이해하는 데에 필요한 주제를 새로이 발굴했고, 변하는 독서 환경에 부합하고자 쉬운 글쓰기를 시도했다. 하지만 여전히 미흡한 점이 많으리라 여긴다. 독자 여러분의 조언을 바라마지 않는다.

이 책을 출판해준 도서출판 선인의 윤관백 사장님을 비롯하여 편집진 여러분에게 고마운 마음을 전한다.

2013년 2월
무등역사연구회

목차

Ⅰ. 고대 사회

Ⅳ. 근대 사회

발로 펄럭이고 | 굶어 죽을지라도 더 이상 참을 수 없어 | 청년·노동자여 단
결하자!

V. 현대 사회

I.

고대 사회

청동기시대 족장층의 무덤인 지석묘는 전남지역에 가장 많이 있다. 광주 신창동유적은 기원 전후 시기의 복합농경생활 유적으로 광주의 초기 사회의 모습을 엿볼 수 있다.

지석묘사회

전남지방에서 처음으로 사람이 살기 시작한 시기는 순천 송광면 신평리 금평유적이나 화순 남면 사수리 대전유적의 뗀석기 유물들로 볼 때 중기 구석기시대까지 거슬러 올라가는 것으로 생각된다. 농경과 목축의 발달로 채집경제 단계를 벗어난 신석기시대에는 구석기시대보다 더 넓은 지역에서 보다 많은 사람들이 정착생활을 했을 것이다. 여수 송도의 조개더미에서 출토된 덧무늬토기나 함평 장년리의 빗살무늬토기는 전남지방의 신석기문화도 비교적 이른 시기부터 발전하였던 것임을 말해주고 있다. 그러나 광주와 전남지방이 유적과 유물의 분포양상에 의해 독특한 지역적 특성을 갖게 된 것은 청동기시대 이후라고 할 수 있다.

우리나라의 청동기시대는 지역에 따라 약간의 차이가 있으나 대략 기원전 10세기경부터 시작하여 기원을 전후한 시기까지 지속되었던 것으로 이해되고 있다. 전남지방에 밀집 분포하고 있는 고인돌은 청동기시대의 대표적인 무덤형태 중의 하나이다. 고인돌은 지석묘(支石墓)라고도 불리며 우리나라뿐만 아니라 전 세계에 분포되어 있는 거석문화(巨石文化)의 한 형태이다. 서양에서는 북유럽에서 시작하여 서유럽과 지중해 연안으로 해안을 따라 전파되었다. 아시아의 경우 산동반도, 요동반도와 같은 해안지역과 함북을 제외한 한반도 전역, 일본의 북구주 지역 등에 분포한다. 그런데 그 분포의 밀집도를 보면 동북아시아에서 우리나라가 가장 높고 우리나라 안에서도 전남지방이 가장 조밀(稠密)하다. 지금까지의 조사결과에 따르면 전남지방에는 2천여 곳에 2만여 기 이상의 고인돌이 있었다고 볼 수 있다. 이러한 분포 수는 이 지역이 아시아에서 가장 고인돌이 많은 곳 가운데 하나였음을 말해준다. 이 지방에서 이루어진 고인돌 군집 유적의 존재는 우선 그 분포 수에 있어서 세계문화사에 기록될 만한 특이한 양상을 보이고 있는 것이다.

세계문화유산 화순 효산리 고인돌

고인돌은 지상(地上)에 책상처럼 세운 탁자모양의 북방식과, 큰 돌을 조그만 받침돌로 고이거나 석실 위에 판석(板石) 만을 올려놓은 남방식의 두 형식으로 나눠진다. 대개의 경우 남방식 고인돌이 경기 이남지역에 많지만, 남쪽 지방에도 북방식 고인돌이 없지 않다. 전남지역 안에서 700기 이상이 분포되어 있는 고밀집지역으로는 나주 다시 · 왕곡일대와 보성강 서안인 장흥 관산 · 안양일대, 보성강 동안인 고흥 동강일대, 광양만 남안인 여수 삼일 · 쌍봉일대, 보성 복내 · 율어일대 등이 알려져 있다. 이들 고밀집 지역은 역사적으로 마한사회의 형성을 가능케 한 지역세력의 분포와 관련되는 것으로 보인다. 일반적으로 고인돌 무덤은 족장사회의 성립과 함께 나타났다고 생각되어 왔다. 이러한 이해는 고인돌을 만드는데 드는 경제력과 인력의 동원 때문이었다. 족장사회란 문화진화론상의 일정한 사회 발전단계를 가리키는 용어이다. 그것은 강력한 정치권력을 가진 족장이나 추장이 존재하는 준(準)국가 단계의 사회를 가리킨다.

광주 신창동유적

한편 청동기시대가 끝나가고 철기문화가 유입되던 시기의 이 지역 주민들의 생활상은 광주 신창동유적을 통하여 살펴볼 수 있다. 신창동유적은 광주시 광산구 신창동의 반월촌과 반촌 사이에서 발견된 유적이다. 이 유적에서는 원삼국시대의 생산과 생활 모습이 잘 보존된 다양한 유구(遺構)가 발굴되었다. 인근 지역에서 이미 오래전에 신창동 옹관묘유적이 발굴된 바 있었고 1990년대 중반에 '신창동 저습지(低濕地)유적'이라고 불린 새로운 유적이 확인되었다. 원삼국시대는 고고학적인 시대구분으로 삼국시대의 원초기라는 뜻이지만 우리나라 남부지방에 국한해서 사용되는 시대명칭이다. 원삼국시대가 삼한시대와 거의 일치한다고 하여 고고학계 일부에서는 원삼국시대를 삼한시대라고 부르기도 한다. 그 중 원삼국시대

초기인 기원 전후 시기의 생활상을 잘 보여준 유적이 경남 창원의 다호리유적과 광주 신창동유적이다.

신창동 저습지유적에서는 10m×10m에 불과한 좁은 면적 안에서 기원을 전후한 시기의 생활상을 보여주는 흥미로운 자료들이 많이 출토되었다. 유적은 오랜 기간 동안 늪지 상태로 보존되어왔기 때문에 습도가 변함없이 유지되었다. 때문에 목제유물이나 칠기 등 부식이 쉬운 생활유물들이 장구한 세월 동안을 견디며 잘 보존되어 왔던 것이다. 발굴된 유물들은 칠기(漆器)를 포함하여 목제유물과 토기류가 많고 볍씨, 불탄쌀, 오이씨 등의 씨앗류와 호도, 살구, 민물패류 등 식생활 자료들도 있다. 또 저습지 내에서는 50세 전후의 여성인골과 짐승뼈도 나왔다. 신창동 일대에서 농경과 목축으로 삶을 영위했던 당시 사람들의 모습을 재현할 수 있게 한 것들이다. 그 중 목제유물 만을 살펴보면 검(劍)·활[弓]을 비롯한 무기류, 붓과 같은 문방구류, 파문원형칠기(巴文圓形漆器)·새모양 목제품 등의 제사용 도구, 수확·벌채(伐採)·저장용구 등이 포함된 농공구류, 현악기와 같은 악기 등이 포함되어 있다.

광주 신창동유적 출토 목제 농기구

신창동유적 출토 악기

신창동유적 출토유물의 구성과 형태는 같은 시대 유적인 경남 창원 다호리유적의 그것과 거의 비슷한 양상을 보여준다. 기원전 1세기 후반대인 원삼국시대에 호·영남 지역의 문화가 동질적이었음을 말해주고 있는 것이다. 신창동 출토유물을 통해 복원된 당시 사람들의 생활상을 이해하기 위해서는 삼국의 형성 이전 시기를 기록한 사료들이 참고 될 수 있다.『삼국지』위지 동이전과 같은 중국 사서들은 그 내용 속에 3세기 이전의 한반도 지역 생활상을 전하고 있다. 이 책에는 삼국의 지배질서가 정비되기 이전 한반도 지역의 사회상이 묘사되어 있는데 일부 과장·왜곡된 내용도 있지만 고고학 자료와 부합되는 부분도 적지 않다.『후한서』동이전 또한 그와 같은 측면에서 중요한 기록이다. 이 기록들에는 삼한시대 우리나라 사람들의 의생활과 주거생활, 교역, 매장풍습(葬制), 음악과 무용 등에 대한 구체적인 모습들이 그려져 있다. 그러한 모습들이 바로 신창동 저습지 유적에서 출토된 생활유물들 속에서 확인되고 있는 것이다.

신창동에서는 위타구(緯打具)라고 불리는 목제 직조기구가 출토된 바 있다. 이것은 천을 짤 때 실이 촘촘하고 고르게 짜이게 하는 것으로 오늘날의 바디와 같은 역할을 했던 기구이다. 또 신발을 만들 때 사용하는 신발골도 발굴되었는데 신발골의 형태가 짚신제작용 짚신골과는 다른 가죽신발용으로 추정되고 있다. 이러한 물건들은 '누에를 쳐서 비단을 짜 입을 줄 알았고 베로 만든 도포를 입었으며 발에는 가죽신을 신었다'고 했던『삼국지』의 기록을 뒷받침한다. 신창동에서 출토된 목제 칼집[劍鞘]은 종류가 다양하고 목제 칼자루(劍柄)도 돌기(突起)가 달려있다. 칼을 가진 사람의 신분을 나타내려는 의도였던 것으로 보인다.『후한서』의 기록을 보면 "조그만 고을이라도 모두 우두머리가 있는데 제일 큰 고을의 우두머리는 신지(臣智)라고 하고 다음은 검측(儉側)이라 하였으며 ……"라고 하여 이미 이 시대에 신분의 분화가 이루어지고 있음을 전하고 있다. 『삼국지』위지 동이전에는 한(韓) 지역의 사람들이 "가무와 음주를 좋아하는 풍속이 있다. 또 현악기(琵)가 있는데 그 모양이 공(箜)과 같다. 이것을 타면 소리와 곡조가 나온다"라고 했다. 『후한서』에도 "노래 부르고 춤추고 술 마시고 비파 뜯는 것을 좋아하는 풍속이 있다"고 했다. 신창동에서 나온 목제 현악기는 바로 이러한 기록 속의 '가무(歌舞)'에 사용했던 것이라고 볼 수 있다.

우리의 역사연구에 있어서 기원전후 시기의 생활모습은 그 동안 고고학과 문헌사학 양쪽 모두에서 충분히 다루어지지 못했다. 자료가 빈약했기 때문이다. 이처럼 잘 알려지지 못했던 이 시대의 생활모습을 우리 앞에 실물로서 생생하게 드러내 보였다는 점에서 신창동유적의 발견은 중요한 의미를 갖는다. 이 유적은 우리나라의 삼한사(三韓史)를 복원하고 마한사람들의 생활모습을 재구성 하는데 흥미로운 사료가 되고 있다.

■ 참고문헌

한병삼, 「청동기문화 - 묘제 -」, 『한국사』 1, 국사편찬위원회, 1973.

지건길, 「동북아시아 지석묘의 형식학적 고찰」, 『한국고고학보』 12, 한국고고학회, 1982.

이영문, 「전남지방 지석묘 사회의 연구」, 한국교원대학교 박사학위논문, 1993.

조현종·장제근, 「광주 신창동유적-제1차조사개보-」, 『고고학지』 4, 한국고고미술연구소, 1993.

조현종·신상효·장제근, 『광주 신창동 저습지유적 I』, 국립광주박물관, 1997.

이건무, 「유적·유물에 나타난 삼한사회의 생활상」, 『한국고대국가의 형성』, 국립중앙박물관, 1998.

　원삼국시대의 옹관묘와 토광묘로부터 발전했던 영산강 유역의 대형 옹관고분사회는 5세기 말에 이르러 백제계통의 석실분으로 대체되었다. 이는 마한사회가 백제로 편입되는 것을 의미한다. 농악기인 장고를 닮은 장고분은 고대 일본의 천황의 무덤인 전방후원분과 닮아있다.

마한의 대형 옹관고분 사회

　옹관묘(甕棺墓)는 옹형(甕形)의 토기를 이용해 만든 무덤의 한 형태인데, 신석기시대 이래 세계 여러 지역에서 쓰였던 것이다. 옹관묘는 대개 어린아이의 장례에 사용되어 크기가 작고 이렇다 할 껴묻거리(副葬品)도 없는 단순한 모습이었다. 그런데 이와 같은 옹관묘가 지역에 따라 어른용의 무덤으로 대형화하기도 한다. 영산강유역은 그러한 대형 옹관묘가 모여 있는 곳으로서 우리나라 삼국시대 문화 안에서 독특한 문화상을 이룬 지역이다. 영산강유역 옹관묘는 내부시설로서 옹관을 사용하는 독특한 구조를 갖고 있으면서도 무덤의 규모가 삼국시대의 왕릉급에 달하고 있다는 데서 축조집단의 성격에 대한 많은 연구 과제를 남기고 있다. 옹관묘가 이 지역에 만들어지던 4~5세기 무렵 영산강 유역에 자리 잡고 있던 고대국가의 실체는 아직도 잘 알려져 있지 못하다. 무엇보다 대형 고분에서 무덤의 주인공이 묻히는 내부공간을 '옹관'으로 만들었다는 것 자체가 주목받을 만한 특징이었다. 삼국시대 각국의 중심적인 고분은 대개 돌을 사용한 적석총·석실분·석곽묘이거나 벽돌을 사용한 전축분, 나무를 사용한 목관·목곽묘들이었다.

영산강유역의 옹관묘는 원삼국시대의 옹관묘와 토광묘(土壙墓)로부터 발전했다고 여겨지고 있다. 옹관묘와 토광묘는 3세기를 전후한 시기에 경기·충청·전라도 일대에서 보편적으로 만들어졌던 토착적 성격의 무덤이다. 봉토의 규모가 큰 옹관고분은 전남지방 안에서도 주로 영산강유역과 그 주변지역에 많이 있다. 특히 나주 반남면과 영암 시종면 일대를 중핵지대로 하는 영산강 하류지역이

나주 반남면의 대형 옹관묘

옹관묘 출토
금은장단봉문환두대도

그 중심지이다. 이 두 지역에 현재까지 분구가 남아있는 고분만 해도 130기가 넘고 밑변이 30~40m, 높이 5m 이상 되는 대형 고분도 상당수 분포한다. 이 정도의 분구 규모는 공주·부여지역 백제고분의 규모를 능가하는 것이며 신라나 가야지역의 고분 규모와도 비교될 만한 것이다. 영산강유역 옹관고분은 분구(墳丘)의 형태가 매우

다양하고 하나의 분구 안에 여러 개의 매장공간을 갖는 다장제(多葬制) 무덤이라는 특징도 갖고 있다. 가족공동묘로서의 성격을 갖는 것이다. 원래의 지표면에 흙을 쌓고, 그 봉토 내부에 매장공간을 만들기 때문에 매장중심부가 지상에 위치하는 구조를 갖는다. 이러한 고분의 특징들은 고구려, 백제, 가야, 신라 등 나른 나라의 고분들과 다른 형태이다. 때문에 이 유적은 백제세력 남하 이전에 이 일대에 자라잡고 있었던 토착세력인 마한의 유적일 가능성이 높다고 생각되어 왔다.

옹관묘와 토광묘의 부장품(副葬品)은 크게 토기, 철기, 구슬류로 나누어 볼 수 있다. 출토된 토기 중에서 주목되는 것은 굽다리 뚜껑접시나 그릇받침이 거의 보이지 않는 것이다. 또 뚜껑접시(蓋杯)는 자주 출토되면서도 뚜껑접시와 비슷한 기능을 가진 세발토기(三足土器)는 전혀 없다. 세발토기는 백제 고유의 토기로 알려져 왔고 백제영역을 벗어난 곳에서는 발견되지 않는 것이기 때문에 백제 고유의 그릇으로 알려져 있다. 특히 『삼국지』 위지 동이전 한전의 마한에 대한 기록과 관련하여 주목되는 것은 여러 종류의 구슬들을 풍부하게 부장하고 있는 반면 말갖춤인 마구(馬具)가 전혀 발견되지 않고 있는 점이다. 『삼국지』의 기록에는 "마한 사람들이 우마(牛馬)를 탈줄 몰랐으며 우마는 모두 장례(葬禮)에 사용하였다"고 하였다. 또 "구슬(玉)을 금은보다 귀중한 재보(財寶)로 삼았다"고 전하고 있다. 이러한 영산강유역 마한사회의 모습 가운데 3세기 후반의 상황은 『진서(晋書)』 장화열전(張華列傳)에 나오는 '신미제국(新彌諸國)' 관련 기사를 통해서도 살필 수 있다. 이 기사는 동이 마한의 신미제국 20여 국이 282년에 처음으로 사신을 파견해서 조공을 바치게 되었다는 내용이다.

백제의 석실분 사회

　5세기 말에 이르면 전남지역에서 대형의 옹관고분이 줄어들고 백제계통의 무덤으로 알려진 석실분이 등장한다. 이 지역의 정치세력들이 백제의 영향 하에 들어가게 된 사정을 이러한 무덤형태의 변화가 말해주고 있다. 그런데 우리 쪽의 기록 속에서 이러한 옹관묘 세력의 자취를 찾을 수는 없는 것일까?『삼국사기』백제본기에 따르면 백제는 온조왕 26년(AD 7년) 마한을 기습 점령했다. 곧이어 마한 읍성들의 반란이 상당기간 계속되었지만 결국 이를 진압했고 이로써 마한은 완전히 멸망했다고 적고 있다. 그러나『삼국사기』온조왕대의 마한이란 마한의 왕도에 해당하는 중심지역을 의미하는 것으로 이해된다. 맹주적 지위에 있던 마한의 중심적인 국읍이 백제에 병합된 이후에도 잔여세력은 반백제적 성격을 띤 토착세력으로서 한반도 서남부 일대에 소국의 형태로 상당기간 존속하였을 것

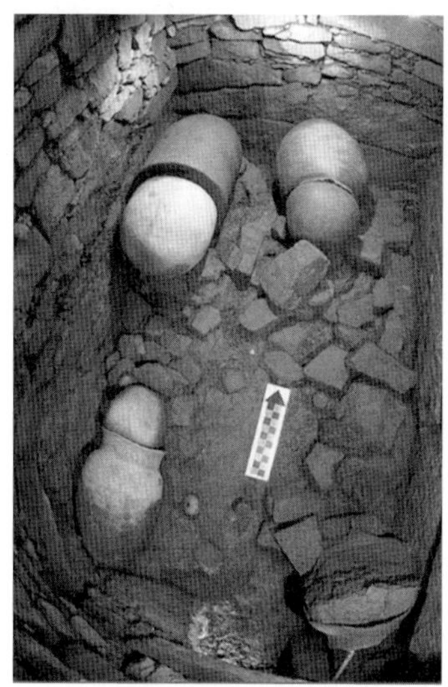

나주 복암리 3호분의 내부 모습

으로 여겨진다. 백제는 마한의 잔존 토착세력들을 병합해 가는 과정에서 지역과 시기에 따라 여러 형태의 정치·경제적 관계를 맺고 있었을 것이다. 백제 중앙정부의 통치력이 직접적으로 작용하는 지역이 있는가 하면, 상당기간 간접적인 통치가 행해지던 지역이 함께 있었을 것이다. 이와 같이 마한지역의 토착세력들은 문헌기록에 나타나는 것 이상으로 복잡한 과정을 거쳐 백제에 통합되어

갔다. 이는 마한 토착세력의 백제에로의 통합과정이 그리 간단하지 않았다는 것을 의미한다. 백제의 왕도에서 지리적으로 가장 멀리 떨어져 있었던 전남지역은 물론 가장 나중에 백제에 편입되었을 것으로 보인다.

5세기에 들어 한반도의 국제정세는 크게 변하였다. 고구려가 평양으로 천도하여(427) 남하정책을 본격적으로 시도하더니, 급기야 백제의 수도 한성을 함락시키기에 이르렀다(475). 이후 5세기 말에 백제의 동성왕(東城王)은 신라와 결혼동맹을 맺어(493년) 고구려의 남하정책을 저지하고 정치적 안정의 발판을 마련하게 되자, 남쪽의 마한에 대한 진출을 강력하게 시도하였다. 498년에는 탐라(현, 제주도)가 공납을 바치지 않는다 하여 동성왕이 친히 군사를 이끌고 무진주(현, 광주)에까지 이르렀다.

그러나 당시 백제와 탐라의 관계를 염두에 둘 때, 이 때의 탐라정벌은 다분히 명목상의 표방에 불과하였을 뿐, 그 주된 목적은 역시 영산강 유역의 마한에 대한 군사적 시위에 있었을 것으로 보인다. 동성왕이 이끄는 군대가 영산강 유역의 북변인 광주 지역에까지 이르렀다는 것은 이를 의미하는 것이었다.

강한 토착성을 바탕으로 고유의 문화적 전통을 유지해 왔던 전남지역에 대한 백제의 지방통치 역시 이러한 큰 흐름 속에서 이루어졌을 것이다. 하지만 전남지역 사회가 오랜 기간 독자적인 통치권력을 지켜왔던 경험은 백제 통치권으로서의 통합과정에서도 일정한 타협을 가능케 했을 수 있다. 백제 멸망 후 당에 의해 설치된 5도독부 속에 들어있는 마한도독부는 그러한 점에서 주목된다. 5도독부란 웅진(熊津), 마한(馬韓), 동명(東明), 금련(金漣), 덕안(德安)으로 웅진은 현재의 공주, 덕안은 은진으로 비정되고 있다. 동명은 웅진 북방의 한 지역일 것이며, 금련은 전북 고부일 가능성이 높다. 마한도독부는 마한의 문화전통이 가장 늦게까지 온존되었던 전남 지역에 두었던 것으로 보인다. 이 마한도독부의 존재는 백제의 통치에도 불구하고 이 지역의 토착문화가 끈질기게 보존되었음을 알려주는 것이다.

삼국을 통일한 신라는 확대된 영토를 9주(州)로 나누어 새로운 지방제도를 마련하였다. 이 때 백제의 5방제를 폐지하고 대신 3개의 주(州)를 두었다. 전남 지역의 경우 남방(南方)을 폐지한 대신 오늘날의 나주 지역에 발라주(發羅州)를 설치하였다가 신문왕 6년에 발라주를 발라군으로 강등시키고 대신 광주 지역의 무진군(武珍郡)을 무진주(武珍州)로 승격시켜 전남 지역 편제의 중심지(州治)로 삼았다. 이와 같이 통일신라 시기에는 나주보다 광주를 중심으로 하는 지방정책을 폈던 것이다.

장고분

전남지방의 고분문화 가운데서 독특한 위치를 차지하고 있는 유적 중의 하나는 장고분(長鼓墳)이다. 장고분이란 최근 한반도 내에서 발견된 고분으로 일본열도에만 분포하는 것으로 알려졌던 전방후원분(前方後圓墳)과 흡사한 외형을 가진 고분이다. 이 고분은 평면형태가 한쪽은 둥글고 한쪽은 네모진 모습을 가졌기 때문에 일본에서 '전방후원분(前方後圓墳)'이라는 명칭을 얻게 되었다. 그런데 이 고분은 멀리서 볼 때 한국의 전통 민속 타악기인 장고(長鼓)를 연상시키기도 한다. 이 때문에 우리나라에서는 장고분(長鼓墳), 혹은 장고형 고분이라고 불리고 있다.

일본열도 내에만 존재하는 것으로 알려져 왔던 이 고분의 한반도 존재가능성은 1940년대에 처음 제기되었다. 이후 한반도 존재여부를 둘러싼 오랜 논쟁을 거쳐 1990년대 중반에 들어서는 한·일고고학계가 모두 한반도 내의 존재를 인정하게 되는 데에 이르게 되었다. 그 계기는 1994년 무렵 거의 동시에 발굴조사된 광주 명화동고분과 광주 월계동고분의 발굴결과였다. 이 두 고분의 조사에서 일본 전방후원분의 가장 특징적인 요소인 원통형토기(圓筒形土器)와 고분 주위에 설치한 독특한 형태의 목기(木器)들이 고분의 둘레에 묻혀 있음이 확인되었던 것이다. 이를 통하여 한반도에 일본의 전방후원분과 유사한 형태의 무덤이 존재하고 있음이 학계에서 공인(公認)된 셈이다. 하지만 이러한 형태의 고분을 둘러싼 고고학적·역사적 문제의 해결은 아직 그다지 진척되지 못하고 있다.

광주 명화동의 장고분

한·일 양국의 관련학계가 이 고분의 한반도 존재문제를 둘러싸고 나타낸 관심에는 일본의 역사 속에서 전방후원분이 차지하는 중요성이 반영되어 있다. 1990년대 이전 일본인들은 전방후원분이 일본열도 특유의 전통적인 고분이라고 믿어 왔다. 그것은 바꾸어 말하면 일본열도를 벗어난 지역에 전방후원분이 존재할 수 없다는 말이 된다. 일본 내에서 전방후원분이 만들어진 시기는 대략 A.D 3세기부터 7세기까지라고 생각되고 있다. 이러한 형태의 고분에 묻힌 사람은 해당 지방 내에서 정치적으로 가장 유력한 호족일 것으로 생각되어 왔다. 또한 긴끼지방[近畿地方]의 중심지인 나라(奈良)나 오사카(大阪)지역에 있는 초대형 전방후원분의 경우 당시 최고의 지배자였던 천황의 무덤으로 알려져 있다. 이러한 고분자료를 통해 일본 전방후원분이 천황의 무덤을 정점으로 하여 일정한 계급체계를 이루며 만들어져 나갔다는 '전방후원분 체계론'이 발전되었다. 일본 내에서 발견된 전방후원분의 수는 모두 2천여 기를 넘는 것으로 알려져 있고 그 속에는 거대 규모의 고분도 많이 포함되어 있다. 인덕천황릉(仁德天皇陵)으로 알려진 전방후원분처럼 묘역(墓域)의 전체 길이가 470m에 달하는 경우도 있다.

전방후원분과 장고분 문제는 이제 그 동안 지루하게 이어졌던 한반도 존재여부에 대한 논의를 끝내게 되었다. 그러나 이 고분이 한반도 내에서 나타나게 된 배경과 축조세력의 일본 정권과의 관계, 한반도 기원(起源)가능성 문제와 같은 보다 어려운 과제를 만나게 되었다. 일제강점기에 나주 반남지역의 일부 고분이 전방후원분을 방불케 한다고 말했던 일본인 연구자들은 이 고분들을 '왜(倭)의 소산(所産)'이라고 생각했다. 일본 연구자들의 이러한 시각은 지금도 변함이 없다. 반면 한국의 연구자들은 '고대문화의 동류(東流)'라고 하는 큰 흐름으로 보아 일본 전방후원분의 원류가 한반도 내에 있을 것이라는 확신을 가져왔다.

이 지역에서 확인되는 장고분의 성격을 둘러싸고 진행된 한일 양국 학계 간의 의견차이는 한반도 남부 일대를 일본이 한때 점령한 바가 있다고 하는 『일본서기』 기록의 한 부분과 그에 대한 해석으로부터 비롯된 바 있다. 그것은 영산강 유역 일대에 대한 백제의 지배와 관련되는 역사기록 해석문제였다. 전남지역이 백제의 지배를 받기 시작하는 시기에 대한 문제는 이미 많은 논의가 있어왔고 최근의 연구 성과에 의해서 새로운 견해들이 계속 제기되고 있다. 고대사학계에서 오랫동안 받아들여져 온 전통적인 견해는 4세기 후반인 근초고왕 24년(369) 백제가 마한을 정복하고 전라도 지역까지 그 영역을 넓혔다는 내용이다. 그러나 '근초고왕대 백제의 전라도 지배'라는 설은 우리 측 기록에 기초한 것이 아니라 『일본서기』 기록에 대한 유추해석에서 비롯된 것이다. 『일본서기』 신공기(神功紀) 49년조에 일본의 신라 정벌과 관련된 기록이 있고 이어서 한반도 서남부에 있었던 것으로 여겨지는 토착세력을 정벌하여 백제에게 넘겨주었다는 내용이 나온다. 이 기록 자체는 고대 일본이 한반도 남부의 일부를 지배했다는 가설인 소위 '임나일본부설'에 관한 것이다. 그러나 근초고왕대의 왕성한 대외 정복활동으로 미루어 이 기사는 근초고왕의 마한잔여세력 정복활동과 왜국에 대한 우호 친선 관계를 암시했던 것이었으리라고 해석되었다. 이것은 『일본서기』 기록상의 사건 자체는 인정하면서도 정벌 활동의 주체를 백제로 파악하고자 한 것이었다.

지금까지 한반도 내에서 장고분으로 확인된 11기의 고분은 주로 광주와 전남지방에 집중되어 있다. 그 분포지역은 광주 명화동이나 함평 월야면, 영암 시종면, 해남 북일면 등 영산강 유역의 옹관고분 분포지역과도 유사하다. 아직 조사예가 많지 않기 때문에 그 성격을 규정지을 수 있는 단계는 아니지만 전남지역에서 발굴된 6기의 전방후원분은 모두 내부구조가 석실이었다. 전남지역에서의 석실 분 출현은 빨라도 5세기 이전으로 올라가기 어렵다는 것이 지금까 지의 일반론이다. 이 사실은 이 지역의 장고형 고분이 시기적으로 그다지 빠르지 않다는 해석의 근거가 되고 있다. 이 때문에 한국의 장고분을 한일 양국 간의 교역의 결과 발생한 것으로 파악하는 해 석이 나온 바 있다. 또 일본에 진출했던 마한세력이 고토(故土)로 귀환함에 따라 나타난 유적이라는 추정도 있다. 하지만 이러한 견 해들은 아직 모두 가설의 범주에 머물러 있다.

근래에 제기되고 있는 하나의 해석은 '고토로의 귀환'설로부터 나 온 것이다. 영산강 유역의 장고분을 비롯한 왜계(倭係) 요소는 5세 기 후엽으로부터 6세기 중엽 전반에 걸쳐 나타난다. 그런데 이 시기 는 5세기 후엽은 백제가 왜와 외교적 교섭을 활발히 전개하던 시기 이다. 특히 왜에 장기 체류하면서 외교활동을 수행하고 백제계 이 주민 집단을 관리했다고 추정되는 곤지(昆支)와 그의 아들 동성왕 의 귀국시기가 479년이므로 이 때에 이루어지는 영산강 유역의 왜 계 요소들은 일본 긴끼지방(近畿地方)에서 활동하다가 동성왕을 따 라 귀국한 세력들의 소산일 것으로 이해하는 것이다. 『삼국사기』에 는 동성왕이 498년 탐라를 치기 위해 무진주까지 내려왔다는 기록 이 있는데 광주를 비롯한 영산강 유역에 동성왕의 군사활동이 미쳤 던 사실도 이 지역에 세워진 왜계 유적의 배경을 이해하는 자료가 될 수도 있다고 보는 해석이 있다.

앞으로의 발굴조사와 연구의 진전에 따라 이 고분의 성격은 보다 분명하게 드러날 것이다. 하지만 무엇보다도 한국의 장고분이 한반 도 내에서 전남지역에 집중되어 있고 '분구형태의 다양성'이라는 전 남지역 고분의 특징 속에 나타나는 한 유형(類型)임이 주목되어야

할 것이다. 다른 한편으로 5세기의 역사를 이해하는 데에 있어서는
보다 후대에 형성된 국가의식과 같은 학문외적 요소에 사로잡히지
않는 객관적 자세도 요청되고 있다. 당시는 지금과 같은 민족국가
가 아직 형성되지 않았던 시기이다. 현재의 한일 해협에 그어져 있
는 국경선이 지금과는 판이했을 당시의 역사를 이해하는 데 이러한
후대의 관념들이 장애물로 작용되어서는 안되기 때문이다.

■ 참고문헌
김학휘, 「영산강유역의 마한」, 『향토사연구』 2, 한국향토사연구전국협의회,
    1990.
박중환, 『광주명화동고분』, 국립광주박물관, 1996.
박중환, 「고분문화와 마한·백제사회」, 『남도문화』, 전라남도교육청, 1998.
서현주, 「영산강유역 장고분의 특징과 출현배경」, 『한국고대사연구』 47, 한국
    고대사학회, 2007.
성낙준, 「전남지방 장고형고분의 축조기획에 대하여」, 『역사학연구』 12, 전남
    대학교 사학회, 1993.
임영진, 「영산강유역의 석실분의 수용과정」, 『전남문화재』 3, 전라남도, 1990.
조현종·박중환·최상종, 「전남의 토광묘·옹관묘」, 『전남의 고대묘제』, 전라
    남도·목포대학교, 1996.

장보고는 완도 출신으로 고향에 청해진을 설치하여 서남해안의 해적을 소탕하였다. 이어 한·중·일의 삼각무역을 하여 군사적·경제적으로 독립적인 해상왕국을 세웠다.

장보고

장보고의 성명은『삼국사기(三國史記)』신라본기에는 궁복(弓福)으로 기록되어 있고,『삼국유사(三國遺事)』에는 궁파(弓巴)로 기록되어 있다. 궁복이나 궁파에는 성(姓)이 없는데, 이는 그의 신분이 귀족에 속하지 않고 일반 백성이라는 것을 알려 준다. 그가 성(姓)을 갖게 된 것은 당에서 활동할 때 여느 중국인과 마찬가지로 성을 칭할 필요가 있었기 때문이었을 것으로 짐작된다. 장보고의 가문은 잘 알 수 없다. 그가 그의 딸을 문성왕의 왕비로 삼으려 할 때 조정의 신하들이 반대한 이유로 그가 본디 미천(微賤)했다는 점을 들고 있는데, 이는 그가 평인(平人), 백성(百姓) 이하의 하층계급 출신이었다는 것을 말하여 준다.

장보고의 출신지는 섬으로 생각된다. 그가 특별히 완도를 선택한 것은 어떤 의미가 있었을 것이다. 아마도 완도가 그의 출신지이거나 연고지였기 때문에 그 많은 섬 중에서 완도를 선택했을 것이다.

장보고는 젊어서 중국에 건너가 해안지대에 가까운 서주(徐州)의 무녕군(武寧軍)에서 장교로 근무하였다. 그는 무녕군에서 30세 때에 군중소장(軍中小將)이 되었으므로 군사 1천명을 거느리는 높은 지위의 지휘관이었다고 이해된다.

당에서 무녕군의 고위 지휘관으로 복무하던 장보고는 그러한 직위를 버리고 귀국하였다. 그는 무녕군의 장교로 복무하면서 동포들이 중국 해적선에 의해 강제로 끌려와 중국의 해안지대에서 매매되는 현실을 목격하고 이에 분노하였다. 그는 신라의 해안에 출몰하여 신라인을 약탈하여 노예로 팔아넘기는 중국인 노예무역선을 소탕하기 위하여 귀국하였다. 또한 이러한 해적선의 횡행으로 신라인의 해상무역활동이 지장을 받는 것을 방지하기 위하여 귀국하였다.

그는 828년(흥덕왕 3) 4월에 흥덕왕을 알현하고 "중국 도처에는 신라인이 잡혀와서 노비가 되어 있습니다. 만약 청해에 진을 설치한다면 해적들이 사람을 잡아갈 수 없을 것입니다"라고 요청하였다. 이에 흥덕왕은 그에게 사졸(士卒) 1만 명을 주어 청해진(淸海鎭)을 설치하게 하였다. 그런데 당시 신라 조정의 형편으로 1만 명의 정도의 군사력을 제공한다는 것은 거의 불가능한 일이었다. 그러므로 이 1만 명은 완도를 중심으로 한 연해안 및 도서의 토착주민 중에서 동원할 수 있는 군정(軍丁)으로 이해하는 것이 타당할 것 같다.

청해진에서 장보고가 사용한 직명은 대사(大使)였는데,

청해진의 옛터(전남 완도)

이는 본래 신라의 관직제도에는 없는 직명이다. 대사는 당시 당의 변방의 독립적인 군진의 우두머리인 절도대사(節度大使) 즉 절도사(節度使)에서 유래한 것으로, 변방 해안지대에 독자적인 세력기반을 갖춘 장보고에게 어울리는 직명으로 보인다.

청해진이 설치된 이후에 그동안 한반도 서남해안에 출몰하던 해적선의 노예무역은 완전히 퇴치되었다. 이는 장보고가 서남해안 일대의 해상권을 장악하여, 해적선을 직접 소탕하였을 뿐만 아니라 해적선의 노예무역에 연결된 소규모의 여러 해상 세력가들을 철저히 단속하였기 때문에 가능한 일이었다.

장보고의 해상왕국

장보고의 해상권 장악은 해적선의 소탕에만 그치지 않았다. 그는 신라·당·일본 3국 간의 교통과 무역을 독점하여 명실상부한 동아시아 국제무역의 왕자가 되었다.

장보고는 당과 교역하기 위하여 수시로 대당매물사(大唐賣物使)라는 교역사절단을 파견하였는데, 그 무역선은 교관선(交關船)이라 일컬어졌다. 당시 장보고의 중국에서의 교역활동의 거점은 산동반도의 끝에 위치한 등주(登州) 적산포(赤山浦)였다. 그는 이곳을 거점으로 하여 그 남쪽의 초주(楚州), 연수(漣水), 양주(揚州) 등지에서 활동하고 있던 신라의 무역상들을 하나의 교역망 속에 편제하여, 그들을 실질적으로 그의 영향하에 두었다.

이처럼 장보고가 중국과의 교역활동을 할 수 있었던 원동력은 당에 거주하고 있던 수많은 신라인들이었다. 당시 신라인들은 당의 수도 장안(長安)을 비롯하여 중국 전역에 걸쳐서 거주하고 있었는데, 특히 중국의 연안지대에 집단적으로 거주하고 있었다. 그들은 독자적인 거류지와 자치단체를 구성하여 거의 치외법권적(治外法權的)인 특권을 누리고 있었다. 신라인의 집단거류지는 신라방(新羅坊)이라 불려졌다. 그곳에는 구당신라소(勾當新羅所)라는 특수한 행정기관이 있었는데 그 책임자에는 신라인이 임명되었다.

장보고는 교역활동의 거점이었던 적산포에 적산법화원(赤山法花院)이라는 사찰을 창건하였다. 법화원에는 1년에 쌀 5백 석을 생산해 내는 토지를 가지고 있었다. 이곳에서 법화경(法華經)과 금광명경(金光明經)을 강의하는 법회가 열렸는데, 매일 40명 내외의 신라인 신도들이 모였고 어떤 날에 200명 이상의 신도들이 모이기도 하였다.

장보고는 당의 물품을 구입하여 일본에 판매하는 중개무역을 본격화하였다. 그가 일본에 보낸 무역사절단은 회역사(廻易使)라 불려졌다. 당시 일본의 중국 물품에 대한 욕구가 매우 컸었는데, 장보고의 중개무역에 의하여 충족되었다. 장보고의 무역활동은 장보고 개인의 세력확장에 그치지 않고 신라의 국제적 지위를 향상시켰고 동아시아 3국의 경제·문화교류에도 적지 않은 공헌을 하였다.

장보고의 이러한 성공은 그의 중앙정치에의 개입을 초래하였다. 836년 12월에 흥덕왕이 죽은 후, 균정(均貞)과 그의 조카 제륭(悌隆)이 왕위계승 쟁탈전을 벌였다. 여기서 제륭은 김명(金明)의 도움을 받아 승리하여 희강왕(僖康王)으로 즉위하였고, 균정은 죽었다. 균정의 아들 우징(祐徵)은 왕위계승전에서 패배한 후 청해진으로 와서 장보고에게 의지하면서 그의 군사적 지원을 기대하고 있었다. 한편 희강왕을 옹립한 김명은 정치의 실권을 장악하고 있었는데, 838년 1월에 군사를 일으켜 희강왕을 핍박하여 자살하게 한 다음에 민애왕(閔哀王)으로 즉위하였다.

이러한 민애왕의 찬탈소식을 들은 우징은 '임금과 아버지의 원수' 인 민애왕에 복수하는 일에 도와줄 것을 장보고에게 요청하였다. 이 때 우징은 장보고에게 왕위에 오르게 될 경우에 그의 딸을 왕비 로 삼겠다고 약속하였다고 한다. 본디 의협심이 남달리 강했던 장 보고는 왕위찬탈자를 응징해야 한다는 대의명분에 끌려 "의로운 일 을 보고 가만히 있는 것은 용기가 없는 것이다"라고 말하면서 우징 을 도와주었다.

장보고는 5천명의 군사를 동원하여 민애왕을 축출하고 우징을 신 무왕(神武王)으로 옹립하는 데 결정적인 역할을 하였다. 이로써 2년 이상 끌어온 왕위계승 쟁탈전이 끝나게 되었다. 이에 신무왕은 장 보고의 공로를 인정하여 그를 감의군사(感義軍使)로 삼고 식읍(食 邑) 2천 호를 주었다. 이는 완도를 중심으로 한 주변 지역의 주민에 대한 장보고의 실제적인 지배력을 인정해 준 것으로 볼 수 있다.

이처럼 장보고는 신라 중앙정치에서도 중요한 업적을 남겼다. 신 무왕은 즉위 후 6개월 만에 죽고 태자인 경응(慶膺)이 문성왕(文聖 王)으로 즉위하였다. 문성왕은 장보고의 딸을 그의 왕비로 맞으려 고 하였다. 이에 조정의 신하들은 장보고의 신분이 미천하다는 이 유로 반대하였고, 마침내 문성왕은 장보고의 딸을 왕비로 맞아들이 지 않았다. 장보고가 그의 딸을 왕비로 삼으려고 시도한 것은, 골품 제도에 기초한 진골 중심의 신라 지배체제에 대한 정면도전을 의미 하는 것이었다. 그것은 또한 해상무역으로 인한 경제력과 청해진의 군사력을 바탕으로 한 장보고의 세력이 경주에까지 확대되는 것을 의미하는 것이었다. 이에 신라 조정은 장보고의 그러한 시도를 꺾 었는데, 이로써 신무왕과 장보고와의 약속은 깨어지고 말았다. 이 에 대하여 장보고는 원망을 품고 있었고, 이러한 장보고의 존재는 신라 조정에 커다란 정치적 부담이 되었다.

이런 사정으로 인하여 신라 조정에서는 841년(문성왕 3)에 염장(閻長)을 보내어 장보고를 암살하였다. 장보고를 암살한 명분은 그가 반란을 도모하였다는 것이었다. 『삼국사기』신라본기에는 그가 반란을 일으켰다고 단정되어 있으나, 『삼국유사』에는 그가 반란을 일으킬 뜻이 있었을 뿐이라고 기록되어 있다. 『삼국유사』의 기록이 얼마간 진상을 전하여 주는 것으로서 신라정부에서 그를 암살하면서 '반란을 일으킬 뜻이 있었다'라는 따위의 애매한 죄명을 붙였던 것이다. 어쨌든 장보고는 안정복(安鼎福)이 적절히 평가한 바와 같이 신라 조정의 음모에 의하여 도살(盜殺)당한 것으로 생각된다.

염장은 어떠한 인물일까. 그는 무주(武州)지방의 토호 혹은 지방세력가였는데, 무주의 중심지인 현 광주 인근지역 출신으로 생각된다. 그러니까 그는 해상세력이 아니라 내륙 토호세력이었다.

염장은 무슨 이유로 장보고를 암살하였을까. 그는, 당시 장보고의 중앙정계로의 세력확장을 막으려는 중앙귀족의 사주를 받은 것 같다. 그는 당시 중앙정계의 실력자로서 장보고와 대립적인 관계에 있었던 김양(金陽)의 부하로서 그와 긴밀한 연결관계를 맺고 있었다.

장보고는 중앙귀족의 사주를 받은 무주지방 내륙 토호세력에 의해서 제거되었다. 무주지방의 내륙 토호세력이 장보고를 제거하는 데 앞장섰던 이유는 무엇일까. 아마도 무주지방의 내륙 토호세력은 장보고의 세력확대 및 중앙정계 진출로 인하여 그들의 기득권이 크게 위협받았을 것으로 생각된다. 이에 그들은 중앙정부의 권위에 의존하여 해상세력을 장악함과 동시에 해상무역의 이익을 차지하고자 하였다고 짐작된다. 결국 무주지방의 내륙 토호세력은 그들의 기득권을 지키기 위하여 중앙정치세력과 결탁하여 그들의 사주를 받아 장보고를 암살하였던 것이다. 장보고의 죽음은 곧바로 청해진과 해상왕국의 붕괴를 가져왔다.

그 후 염장은 장보고를 살해한 공으로 제6관등인 아찬에 오르고, 이어 무주의 차관직인 별가(別駕·州助의 별칭)에 임명되었다. 이와 같이 그는 신라정부의 고위 지방관이 되어 청해진을 중심으로 한 해상세력을 통제하였다. 이에 장보고의 부장(副將)이었던 이창진(李昌珍) 등이 염장의 통제에 저항하여 반란을 일으키려 했으나 염장에 의하여 진압되었다. 그 후 청해진의 장보고 잔여세력(殘餘勢力)은 염장의 통제를 피하여 일본에까지 망명하는 자가 많았는데, 염장은 이전에 장보고의 부하였던 이소정(李少貞) 등을 일본에 파견하여 청해진 주민의 일본 망명을 방지하기 위하여 노력하였다.

그렇지만 장보고계의 해상세력인 청해진 주민은 염장의 압제에 끊임없이 저항하였고, 이는 당국의 가중된 탄압을 초래하였던 것으로 생각된다. 그리하여 851년(문성왕 13년) 2월에 신라정부는 청해진을 폐지하고 그곳의 주민들을 내륙의 벽골군(현, 김제)으로 집단 이주시켰다. 그리하여 장보고가 암살된 이후에도 10년 동안이나 존속했던 장보고의 잔여세력은 완전히 소멸되었다.

■ 참고문헌

김상기, 「고대의 무역형태와 나말의 해상발전에 취하야 - 청해진대사 장보고를 주로 하야 -」, 『진단학보』 1 · 2, 1934 · 1935.
포생경자, 「신라말기의 장보고의 대두와 반란」, 『조선사연구회논문집』 16, 조선사연구회, 1979.

통일신라시대에는 경전을 중시하는 화엄종·법상종 등의 교종이 성행하는가 하면, 참선 위주의 선종이 도입되어 교·선이 병행했다.

경전 중심의 교종

통일신라에 이르러 중대에는 화엄종과 법상종의 교종이 성행했으며, 하대에는 선종이 유행하였다. 호남지역의 화엄종 사찰은 구례의 화엄사, 김제의 귀신사, 장흥의 가지산사와 천관사였으며, 법상종 사찰로는 김제의 금산사가 중심사찰이었다. 하대에는 선종의 적극적인 수용과 그 영향의 증가에도 불구하고 화엄종과 법상종 사상은 꾸준히 계승·발전했으며, 그 밖의 많은 사찰이 세워지면서 지방으로 확산되어 갔다.

지리산 화엄사는 8세기 중엽 황룡사 소속 승려 연기(緣起)에 의해 창건된 사찰이었다. 1978년에 발견된 『신라화엄경사경(新羅華嚴經寫經)』의 발문에 따르면, 화엄사의 창건조사로 전해지는 연기는 경덕왕대의 실존 인물이었고, 그가 화엄경 사경(80권본)을 발원 제작했다는 것이다. 사경 조성에 관여한 인물들에 대한 기록이 나오고 있다. 사경조성 작업의 대부분을 차지하는 업무를 담당한 지작인(紙作人), 경필자(經筆者)의 거주지는 무진주와 완산주이고, 경심장(經心匠), 불보살상필사(佛菩薩像筆師), 경제필사(經題筆師)는 왕경인(王京人)으로 되어있다. 이것으로 보아, 높은 기술을 필요로 하는 작업은 왕경인에 의해 행해졌지만 실제적인 사경의 일을 직접 담당한 대부분의 기술자들은 전라도 지방출신이었음을 알 수 있고, 또 참여했던 사람들의 신분이 대개 4두품, 5두품이었던 것을 보아 화엄신앙은 진골귀족에 국한된 것이 아니었다는 사실을 확인시켜 주기도 한다.

화엄사 각황전의 원래 이름은 장육전이었다. 부처님의 몸을 장육금신이라고 하므로 장육전에는 석가여래의 모습만한 장육의 금색 불상을 봉안했을 것으로 여겨진다. 『사전(寺傳)』에 의하면 670년(문무왕 10년)에 의상대사가 3층 4면 7칸의 장육전을 건립하여 사방벽에 화엄석경(華嚴石經)을 새겼다고 한다.

화엄사 4사자3층석탑과 석등

이와 같이 화엄사는 화엄경 사경과 석경의 조성 사업을 통해 화엄불국세계를 이루어 모든 것을 포괄하고 또 포괄된 그 하나하나에 각자의 개성을 갖게 하는 원융무애한 경지인 화엄의 세계를 이상으로 한 화엄의 대도량이 되었던 것이다.

장흥 천관산은 신라 천관보살신앙(天冠菩薩信仰)이 수용되어 행해진 곳이다. 천관이라는 산 이름도 천관보살이 상주하는 산이라는 것을 내세우기 위하여 붙여진 이름이었다. 신라의 화엄신앙은 각 지역과 계층으로 폭넓게 확산되는 과정에서 여러 유형의 신앙으로 나타나게 되는데, 천관보살신앙은 보살주처신앙으로서 신라 화엄신앙의 지방확산과 대중화의 한 유형을 보여주고 있다.

천관보살신앙과 관련하여 최초로 기록에 등장하는 인물은 원표(元表)이다. 또한, 지제산(支提山)이라고도 불렸던 장흥 천관산은 신라에서 천관보살신앙이 행해진 유일한 지역이다. 원표가 활동하던 8세기 중반경 신라 사회에서는 『80화엄경』의 유포와 함께 화엄신앙이 지방민과 기층민에게 저변 확대되어 가고 있었다.

원표 이후 천관보살신앙을 정착시키는데 기여한 인물은 통영화상(通靈和尙)이었다. 통영은 9세기를 전후한 시기에 천관산에 천관사와 탑산사(塔山寺)를 창건했다. 원표보다 50년 늦은 시기에, 가지산 보림사와 가까운 천관산에서 활동하였던 그는 원표의 직·간접적인 영향을 받으면서 천관산 지역에 천관보살신앙을 정착시켰던 것이다. 이 과정에서 그는 천관산 주변 토착 호족세력의 적극적인 지원과 참여를 이끌어내었던 것으로 보인다.

통영 이후 천관산의 불교신앙과 관련이 있는 인물들로는 홍진(洪震), 김우징(金祐徵), 장보고(張保皐) 등이 있었다. 희강왕 2년(837년)에 김우징(신무왕)은 왕위쟁탈전의 화를 피하여 장보고에게 의지하였는데, 이 때에 천관사의 화엄승려 홍진은 화엄신중(華嚴神衆)의 위신력을 빌어 김우징을 도왔다. 이것으로 보아 천관산 주변 세력은 장보고에 편입되어 있었음을 알 수 있고, 홍진이 불렀다고 하는 화엄신중은 천관산 일대의 현실적인 군사력으로 이해할 수도 있을 것이다.

수행 중심의 선종

　신라하대에는 정치사회적인 변화와 함께 불교계 또한 새로운 변화의 바람이 일고 있었다. 곧 선종(禪宗)의 전래가 그것이다. 신라에 선사상이 본격적으로 전개된 것은 9세기 전반부터였다. 서당지장(西堂智藏)의 심법(心法)을 전해 받은 도의(道義)가 821년에 신라에 귀국했는데, 교종으로부터 심한 비판에 직면한 도의는 설악산에 은거하지 않을 수 없었다. 도의보다 5년 뒤인 826년에 귀국한 홍척(洪陟)은 지리산에 흥덕왕 등 중앙의 왕실세력의 후원을 얻어 실상사를 창건하고 선풍(禪風)을 진작시키는 데 성공하였다. 그 이후 선사상은 신라의 지방사회에 급격하게 전파되어 9세기말 10세기 초반경에는 화엄종을 능가할 만큼 그 세력이 팽창되기에 이르렀다.

장흥 보림사에 가지산문을 개창한
체징의 부도

강진 무위사의 형미의 탑비

호남지방은 선종의 교세확장이 가장 앞선 지역으로 선종의 4개 산문이 개창되었던 곳이다. 선종사찰로 남원 실상사, 장흥 보림사, 강진 무위사, 화순 쌍봉사, 곡성 태안사, 광양 옥룡사, 구례 연곡사를 손꼽을 수 있다. 이 가운데 실상사는 실상산문, 보림사·무위사는 가지산문, 태안사·옥룡사는 동리산문, 쌍봉사는 사자산문의 근본도량이었다. 선종 9산문 가운데 4개 산문이 이 지역에 중심도량을 마련한 것은 호남지역이 선종의 요람지였다는 것을 말해준다.

실상산문은 신라에 남종선을 초전한 도의에 이어 귀국한 홍척에 의해 개산되었다. 도의와는 달리 홍척은 당시 국왕인 흥덕왕, 선강태자 충공의 귀의를 바탕으로 실상사에서 실상산문을 열어 9산선문 최초가람이 되어 지리산을 중심으로 선사상을 펼치었다.

가지산문은 장흥 보림사를 중심으로 체징에 의해 개창되어졌다. 체징은 신라에 남종선을 처음 전한 도의와 그의 제자인 염거의 선풍을 계승하였다. 도의의 선종사상은 초기에 조사선을 성립시키면서 교학불교, 특히 화엄사상을 비판하는 경향을 지녔다. 의상계의 화엄사상이 유행한 지역인 설악산의 진전사를 중심으로 한 도의의 선풍은 화엄의 논리를 극복하기 위해 오히려 의상계 화엄종을 크게 의식하는 결과를 초래하여 그것과의 교섭문제를 생각하게 하였던 것이다. 이러한 도의의 선사상을 계승한 체징이다. 그가 헌안왕 3년(859) 왕의 요청으로 화엄종 사찰이었던 보림사에 주석하게 되면서 선종사찰로 사찰의 면모를 일신하였을 뿐만 아니라, 경문왕 원년(861)에 이를 더욱 확장하여 가지산문을 융성하게 하였다. 가지산문은 조사선의 수립이나 교종불교를 비판하려는 면에서 모두 한계성을 가졌지만 그 후 우리나라 불교사상이 전개되는데 커다란 영향을 미쳤다. 가지산문의 후원세력은 헌안왕과 많은 재물을 희사하여 불사에 적극적으로 참여한 무주 장사현 부수 김언경과 망수댁, 이남댁의 금입댁(金入宅)이었다. 체징의 문하에는 영혜, 청환, 의차 등 8백여인이 있었다. 당에 들어가 조동종을 전해 온 형미(864~917)도 그의 제자였다. 형미는 당에서 귀국할 때 서남해상의 제해권을 장악한 왕건의 도움에 힘입어 왕건에게 연결되어졌다. 왕건은 무위사에 주석하고 있던 형미를 데리고 태봉의 수도로 돌아갔다. 그런데 형미는 왕건이 즉위하기 직전 917년 궁예에게 피살되고 말았다. 친 왕건적인 형미가 궁예의 무도함을 비난한 것이 원인이 되었지 않았나 싶다. 형미의 피살은 선종산문과 지방호족들에게는 물론 백성들에게까지 큰 충격을 주었다. 이 사건은 결국 궁예로 하여금 민심을 크게 잃게 하였으며 반대로 왕건의 추대를 재촉한 결과가 되었던 것 같다.

동리산문은 개산조 혜철(785~861)이 헌덕왕 6년(814) 입당하여 서당지장에게 심인을 얻고 문성왕 원년(839)에 귀국하여 문성왕의 후원아래 개창되었다. 혜철의 문하에는 □여와 그의 제자인 윤다(允多, 864~945)가 계속 곡성 태안사에 주석하였다. 혜철의 제자로 동리산문의 방계인 도선(827~898)과 그의 제자인 경보(869~947)는 광양의 옥룡사에 주석하였다. 도선은 속성이 김씨이며 전남 영암지방에서 출생하여, 화엄학을 배운 뒤 선승(禪僧)이 되어 그 생애의 거의 대부분을 전남지방을 무대로 하여 살았다. 광양의 옥룡사는 37세 때부터 입적할 때까지 35년간이나 주석한 곳이다. 그는 이곳에서 새로 옥룡산문을 개창하여 많은 제자들을 양성하였다. 특히 경보는 후백제의 견훤에게 연결되어졌다. 동리산문의 선사상은 두 가지의 특성을 가졌는데, 하나는 유식사상의 포용이요, 다른 하나는 풍수

지리사상의 수용이었다.

사자산문은 도윤(798~868)이 남전보원의 선법을 이어받아 문성왕 9년(847)에 귀국하여 화순 쌍봉사에서 선풍을 드날림으로써 비롯되어졌다. 쌍봉사에 세워진 철감선사 도윤의 부도탑은 신라 선종미술의 극치를 이룬 예술 조각품으로 오늘날 세인의 주목을 받고 있다. 그의 제자 절중(折中, 826~900은 강원도 영월 사자산에 옮겨가 흥령선원에 주석하면서 사자산문을 개창하였다.

또한, 선종산문(禪宗山門)은 막대한 토지를 가지고 있었다. 가지산문은 헌안왕대에 그 후원자인 김언경이 사재로 철 2,500근을 내어 비로자나불상을 주조하여 대적광전에 봉안하였고, 망수댁·이남댁으로부터 금 160푼과 조 2,000곡을 공출하여 그것을 장식하였다. 또 경문왕대에는 보림사 쌍탑을 김언경이 조성하기도 하였다. 동리산문은 872년(경문왕 12)에 세워진 태안사에는 2,939석 4두 2승 5합의 식량을 비축하고 있었으며, 전답이 494결 39부였고, 좌지가 3결, 하원대가 4결 72부, 시지가 143결, 염분이 43결이며, 그밖에 노가 10인, 비가 13인, 복전이 40인이었다 한다. 이와 같이 선종산문은 후원세력의 지원 아래 막대한 토지를 소유하게 되면서 장원을 형성하여 사원경제의 기반을 확립하였다.

이와 같이 호남지역이 선종 발흥의 요람지가 되었는데, 그 까닭은 주로 남중국에 들어가서 유학하던 선승들이 무주일대의 남해안으로 귀국하였기 때문이다. 903년 왕건이 나주를 정벌함으로써 서남해상의 제해권을 장악하게 되자, 선승들은 왕건의 도움 없이는 귀국이 불가능하게 되었다. 대부분의 선승들은 왕건세력의 보호를 받으며 서남해안으로 귀국하게 됨으로써 자연히 왕건과 인연이 맺어지게 되었다. 왕건은 선승들이 호족은 물론 일반 백성들에게 미치는 교화력이 적지 않음을 간파하였던 것 같다. 왕건은 선승과 연결된 호족세력의 호응을 얻음으로써 후삼국의 혼란을 수습하고 고려로의 통일을 도모하였던 것이다.

선승들은 대개 육두품 이하의 출신으로 진성여왕 이전에는 왕실과 어느 정도 연결되어 있었으나 점차 지방호족과 연결되어가는 추세였다. 선종사찰을 중심으로 거대한 장원이 형성되어 있었으며 그 경영에 지방호족이 관련되어 있었다. 특히 후삼국시대의 선종 승려들은 대부분 왕건과 인연을 맺고 그에게 정치이념을 제시했을 뿐만 아니라, 지방호족을 연결시키는 매개체적 역할을 담당하였다.

선종은 "불립문자(不立文字)"와 "견성오도(見性悟道)"를 주장하여 교종의 논리를 초월하여 불성을 자기 마음속에서 찾으려는 경향을 가졌다. 밖으로부터의 모든 인연을 끊고 내재적 불성을 발견하려는 선종사상은 개인주의적 경향을 띠게 되었다. 그것은 중앙정부의 거추장스러운 간섭을 벗어나 지방에서 독자적인 세력을 구축하려는 지방호족의 취향에 어울리게 되었다.

신라 하대의 선종승려들은 대개 교종 특히 화엄종의 현학적이고 관념적인 한계를 비판했지만 그러면서도 화엄학을 겸수했던 선승 또한 적지 않았다. 이는 선종에 귀의하기 이전에 화엄학을 익혔던 선승이 많았기 때문이기도 하고 화엄학과 선사상이 불교의 중관사상에 바탕을 둔 사상으로 서로 상통하는 면이 있기 때문이기도 하였다. 선종 수용 초기보다 신라말에 이르러서 화엄학을 겸학한 선종 승려가 더 많이 보이는 것은 선종과 함께 교종이 병립하던 당시의 시대적 상황에 따른 영향이 적지 않았던 것으로 여겨진다.

■ 참고문헌

최병헌, 「도선의 생애와 나말여초의 풍수지리설」, 『한국사연구』11, 한국사연
　　　　구회, 1975.

이계표, 「남북국시기의 무주지방의 사회와 문화」, 『전남지방사서설』, 김향문
　　　　화재단, 1990.

김상현, 『신라화엄사상사연구』, 민족사, 1991.

한국고대사연구회 편, 『신라말고려초의 정치·사회 변동』, 신서원, 1994.

박태선, 「신라 천관보살신앙 연구」, 한국교원대학교 석사학위청구논문, 1998.

후삼국시대 우리 지역의 호족세력은 두 갈래로 나누어진다. 하나는 주로 전남의 동남 군현, 즉 섬진강수계 지역을 중심으로 한 전남 동부의 내륙지역 및 해안지역 출신의 호족으로 견훤과 결합하였다. 다른 하나는 영산강수계 지역을 중심으로 한 나주와 그 인근지역, 즉 전남 서남부지역 출신의 호족으로 왕건과 연결을 맺었다.

견훤의 호족 – 동부지역

전남동부지역의 호족 중에서 승주(순천)와 그 인근지역을 지배한 호족은 박영규(朴英規)와 김총(金惣)이었다. 견훤이 892년에 정권을 세웠을 때 무주 동남지역의 군현이 귀부하였다. 견훤이 방수군으로 근무한 바 있는 서남해는 아마도 여수반도나 그 인근의 해안이었을 것으로 추측된다. 박영규나 김총은, 견훤이 전남동부지역의 해안에 근무할 때부터 그와 연결을 맺어 호족으로 성장하였을 것으로 생각된다.

박영규는 순천 출신으로 견훤의 사위였다. 그는 견훤의 딸과 혼인하였고, 이어 견훤의 장군이 되었다. 이러한 사실은, 그가 순천지역을 정치적·군사적·경제적으로 지배한 유력한 호족이었다는 것을 말해 준다. 견훤이 그와 혼인을 통하여 연합한 것은 전남동부지역을 후백제의 확고한 영역으로 확보하고자 하였기 때문이었다. 박영규는 견훤의 휘하에서 장군의 지위에 올라 후삼국 통일전쟁에 종사하였다. 신검이 정변을 일으킨 후 견훤은 후백제를 탈출하여 왕건에게 귀부하였다. 박영규도 견훤의 뒤를 이어 왕건에게 귀부하였다.

박영규는 좌승(佐丞)의 관등을 받았으며 세 딸을 각각 왕건의 부인(동산원부인)과 정종의 왕후(문공왕후, 문성왕후)로 들여보냈다. 이렇게 극진한 대우를 받은 것은, 단지 그가 후백제 멸망에 큰 기여를 하였다는 것만으로는 설명될 수 없고, 그가 전남동부지역에 강력한 세력기반을 가지고 있던 호족이었기 때문에 가능했다. 이 세건의 혼인은 물론 왕건의 의도로 이루어졌다. 이 혼인에는 왕건이 후백제계열의 호족들을 포섭하여 왕권을 안정시키고자 하는 의도가 반영되어 있다. 이처럼 박영규가 고려초(태조·혜종·정종대)에 유력한 정치인으로 활동하였다.

김총은 견훤을 섬겨 인가별감(引駕別監)의 관직을 맡았고 죽은 후에는 순천의 성황신이 된 인물이다. 인가별감은 견훤의 호위부대의 장으로 상당한 군사적 실권을 가진 관직이었다. 그는 견훤의 신임을 받는 측근세력이었다. 김총은 견훤과 함께 서남해에서 동고동락하던 방수군 출신으로 견훤 휘하의 군인이었을 것으로 추측된다. 이런 사정으로 그는 견훤정권이 성립된 후에도 계속 견훤의 측근으로서 견훤을 호위하는 임무를 수행하였다고 이해된다.

후백제의 초기 도읍이었던 무주의 호족으로는 지훤(池萱)이 있다. 그는 무주의 성주였는데, 911년에 왕건이 무주의 경계를 공략할 때 견훤과 함께 성을 굳게 지키고 항복하지 않았다. 이처럼 그는 후백제의 도읍인 무주를 방어하고 관할하는 임무를 맡은 성주였다. 또한 그는 견훤의 사위였다. 지훤이 무주의 성주이고, 견훤의 사위였다는 것은 그가 무주의 유력한 호족이었다는 것을 말하여 준다.

무주의 호족이 견훤과 결합하였다는 것은 이른바 '지렁이 혼인설화'에서 확인할 수 있다. 그 내용은 지렁이로 변한 자색 옷을 입은 남자와 광주 북촌의 부자의 딸이 혼인하여 견훤을 낳았다는 내용이다. 이 설화에 의하면 견훤은 광주의 부자(富人), 즉 무주지역 호족의 외손자였다. 그런데, 이 설화는 견훤의 탄생설화, 즉 견훤 부모의 혼인설화가 아니라 견훤 자신의 혼인설화로 이해되고 있다. 견훤이 무주를 공략하여 정권을 세우고 자립하는 과정에서 무주의 호족과 결합하는 모습을 상징적으로 보여주는 것이 이 설화라는 것이다. 견훤은 무주에서 자신의 세력기반을 강화하기 위하여 무주의 호족들과 정책적으로 혼인을 추구하였을 것이다. 그러한 과정에서 그의 혼인설화가 생겨났는데, 후대에 이르러 견훤의 출생이 이에 뒤섞이어 견훤의 출생설화로 바뀌게 되었던 것 같다. 이 설화는 견훤의 후백제가 무주를 근거지로 하여 건국되었고 무주지역 호족의 협력으로 성장·발전하였다는 것을 알려 준다.

견훤은 상주 가은현 출신이다. 그의 아버지 아자개는 가난한 농민이 아니라 부유한 농민이었고, 상당한 사회적·경제적 기반을 가진 토착세력가였다. 이런 지위에 있었기에 그는 진성여왕 즉위년(886) 무렵에 장군을 자칭할 정도의 호족으로 성장할 수 있었다. 따라서 견훤은 호족의 아들이므로, 그를 호족 출신이라고 불러도 무방할 것 같다.

견훤은 종군하여 왕경(경주)에 들어가 신라의 중앙군이 되었고, 후에 서남해의 방수군(防戍軍)으로 파견되었다. 용기 있게 근무한 공로를 인정받아 비장에 올랐는데, 비장은 독립된 부대의 지휘관이었다. 그는 자기 휘하의 방수군 군인들을 기반으로 하여 자신의 독자적인 군사적 기반을 마련하고, 이어 무주(광주)를 거점으로 삼아 독립적인 세력으로 성장하였다.

견훤은 진성여왕 6년(892)에 반란을 일으켜 왕경 서남쪽의 주현들을 공략하였고, 반기를 든 지 한 달 사이에 5,000의 무리를 모아, 무주를 습격하여 자립하고 정권을 수립하였다. 그는 8년 후(900) 무주를 떠나 완산주(전주)로 천도하고 후백제왕을 자칭하였다. 이어 그는 연호를 제정하고, 관부를 설립함과 아울러 관직을 분정하고, 오월에 외교사절을 보내는 등 국가체제를 정비하였다.

이런 토대 위에서 후백제의 견훤은 궁예·왕건과 더불어 후삼국을 통일하기 위한 쟁패전에 돌입하였다. 그는 901년 대야성(합천)을 공격했으나 함락시키지 못하고, 금성(나주)의 남쪽 부락을 약탈하였다. 이후 그는 나주지역에서 궁예 휘하의 왕건 군대와 여러 차례 전투를 전개하였으나 나주지역을 장악하지 못하였다.

견훤은 920년대 중반에 이르러 왕건과 본격적인 쟁패전을 전개하였다. 그는 고려에 대한 군사적 우위를 확보하고 있었다. 그러나 930년 고창(안동)전투에서 대패한 후로는 대세가 역전되었다. 934년에 운주(홍성)전투에서 크게 패배하자, 후백제에는 내분이 일어났다. 935년에 신검이 정변을 일으켜 금강을 죽이고 견훤을 금산사에 유폐시킨 후 왕위에 올랐다. 견훤은 후백제를 탈출하여 왕건에게 귀부하고, 신검은 왕건과의 전투에 패배함으로써 936년에 후백제는 멸망하였다.

왕건의 호족－나주호족

후삼국시대에 나주지역은 매우 독특한 성격을 드러낸다. 여기서 나주지역은 나주, 영암, 영광, 함평, 무안, 진도, 완도, 해남, 강진 등 전남의 서남해안지역을 말한다. 당시 나주지역은 후백제와 태봉·고려가 여러 차례에 걸쳐 쟁탈전을 벌인 지역이다. 이렇게 쟁탈전을 벌인 이유는 나주지역이 후백제의 배후에 위치하는 요충지였기 때문이었다. 나주를 중심으로 한 전라도 서남해안지역은 당시에 중국과의 교통이나 해상무역의 중심지였기 때문에 이 지역을 장악하는 것이 전략적으로 중요하였다. 그런데 나주지역은 태봉·고려로부터 바다를 건너 멀리 떨어져 있음에도 불구하고 후백제의 영역이 아니라 태봉·고려의 영역이었다.

나주지역의 호족세력은 견훤이 892년에 정권을 수립할 때 그에게 귀부하지 않고 독자적인 지배권을 유지하고 있었다. 901년에 견훤은 금성(나주)의 남쪽 지역을 공략하였으나 실패하였다. 이처럼 나주의 호족은 견훤에게 공략당하지 않을 정도의 세력을 유지하면서 독립적으로 존재하고 있었다. 나주호족은 견훤에게 복속되기를 거부하고 그와 대립관계에 있었다.

궁예 휘하에 있던 왕건은 해상세력 출신의 호족으로서 서남해안지역의 해상세력을 결집하고자 하였다. 왕건은 903년부터 918년까지 거의 대부분의 기간을 나주에서 군사활동을 하면서 머물러 있었다. 그러는 동안에 그는 나주호족을 비롯한 서남해안지역의 호족세력을 결집하였다. 이에 나주호족은 왕건과 연결을 맺고 태봉에 귀부하였다.

왕건은 903년에 수군을 거느리고 와서 금성군(나주)을 공격하여 빼앗고 인근의 10여 군현을 공략하여 취하였다. 이처럼 왕건이 나주지역을 공략할 수 있었던 것은 물론 왕건 자신의 군사활동에 의한 것이었지만, 나주지역의 호족세력의 호응과 협력에 힘입은 것이었다. 다시 말하면 나주지역의 호족세력은 자의에 의하여 궁예 휘하의 왕건에게 투항하여 귀부하였다.

909년에 왕건과 견훤은 나주지역을 장악하기 위하여 서로 크게 싸웠다. 견훤은 후백제의 배후지역인 나주지역을 쉽게 포기할 수가 없었으므로 왕건과 쟁패전을 벌였다. 왕건은 무주 염해현에서 견훤이 오월에 보내는 배를 나포하였다. 왕건은 다시 군사를 이끌고 진도와 그 인근의 섬을 공략하여 빼앗은 후 나주 포구에 이르렀다. 견훤이 친히 군사를 인솔하고 전함을 배열하였는데, 목포로부터 덕진포까지 수륙 양면에 그 위세가 대단하였다. 왕건은 바람을 이용한 화공(火攻) 작전으로 승리하였다. 이 전투의 승리로 왕건은 나주지역에서 견훤에 대해서 우위를 확보하였다. 또한 왕건은 압해현과 그 인근의 도서에서 상당한 세력을 형성하고 있던 능창을 사로잡았다. 910년에 견훤은 금성이 궁예에게 투항한 것에 분노하여 3천 명의 군사를 거느리고 금성을 포위하였으나, 궁예가 수군을 보내어 공격하자 견훤은 퇴각하였다. 909~910년의 전투에서 승리함으로써 태봉은 나주지역을 확고하게 지배하게 되었다. 궁예는 911년에 왕건을 나주에 파견하고 금성을 나주로 개칭하였는데, 이것은 나주지역이 명실상부하게 태봉의 영역에 편입된 것을 의미한다. 이후로 나주지역은 930년부터 6년 동안을 제외하고는 태봉·고려의 지배하에 있었다.

왕건은 고려 건국 전에 10여 년 이상을 나주지역에 머물면서 이 지역을 그의 주요한 세력기반으로 삼아갔다. 왕건이 나주지역에서 연결을 맺은 호족세력으로는 나주오씨와 영암최씨를 들 수 있다.

나주오씨는 장화왕후 오씨의 가문이다. 장화왕후는 다린군의 딸이었다. 다린군의 나주오씨 가문은 대대로 나주의 목포(현, 영산포)에 살았다. 나주오씨의 조상이 중국에서 상인으로 활동하다가 해외무역상을 따라 신라로 건너왔다는 기록이 있는 것으로 보아, 나주오씨는 서남해안지역에서 해상무역에 종사하여 상당한 부를 축적하였던 해상세력이었다는 것을 알 수 있다. 이러한 부를 바탕으로 하여 나주오씨는 나주지역의 유력한 호족으로 성장하였다.

왕건은 903년에 나주를 처음 공략하였을 때부터 나주오씨와 연결을 맺었을 것이다. 왕건이 장화왕후와 혼인한 것은 혜종이 태어난 해인 911년보다 한두 해 이전일 것이다. 이로써 왕건은 나주지역의 호족세력과 긴밀한 연결을 맺고 나주를 그의 세력권 아래 두었다. 고려 건국 후 혜종이 왕건을 뒤를 이어 즉위함으로써 나주는 고려시대에 어향(御鄕)으로 인식되었다.

영암최씨는 최지몽의 가문이다. 최지몽은 유교경전과 역사를 널리 섭렵하였으며 천문과 점에도 정통하였다. 당시 영암이 중국과의 교통 및 해상무역의 중심지였다는 것으로 미루어, 영암최씨는 해상무역으로 부를 축적하여 영암지역의 유력한 호족으로 성장했을 것으로 생각된다. 이러한 영암최씨는 당시 왕건이 나주지역을 정벌하는 데 협력하면서 왕건과 연결을 맺었을 것으로 여겨진다. 최지몽은 18세인 태조 8년(924)부터 태조의 두터운 신임을 받으면서 태조의 여러 정책에 고문하는 특별한 지위에 있을 수 있었다.

고려를 건국한 왕건은 나주지역을 더욱 중요시하였다. 왕건은 918년에 전시중(前侍中) 구진(具鎭)을 나주도대행대(羅州道大行臺) 시중으로 삼았다. 나주도대행대는 나주지역의 고려 영토에 설치되어 군사·민사행정을 담당한, 중앙의 행정부와는 별개의 행정부였다고 이해된다. 나주도대행대를 설치한 것은 후삼국통일 전쟁이라는 비상시기에 나주지역이 후백제의 영토를 건너 뛰어 멀리 떨어져 있다는 특수한 사정에 기인한 것이지만, 한편으로는 태조가 나주지역을 매우 중요시하였다는 것을 말하여 준다.

■ 참고문헌

박한설, 「나주도대행대고」, 『강원사학』 1, 강원대학교 사학회, 1985.

신호철, 『후백제견훤정권연구』, 일조각, 1993.

정청주, 「신라말·고려초의 서남해안지역 호족의 동향·나주호족을 중심으로」,
　　　　『신라말고려초 호족연구』, 일조각, 1996.

II.

고려 사회

전남지역이 한국사의 주요한 무대로 등장한 것은 신라말·고려 초에 들어서였다. 후삼국의 전개와 함께 처음 후백제의 수도가 광주에 자리 잡았으며, 뒤이어 나주를 차지한 왕건은 그곳을 배경삼아 고려를 일으켰다. 고려에 의해 통일이 이루어지자, 나주지역을 제외한 광주 등 전남의 북동부 내륙지역은 한동안 침체기를 맞이하였던 듯 보인다. 그러나 곧 광종의 개혁정치가 시작되면서 다시 중앙 진출이 활발해졌고, 그리하여 이 지역 출신으로서 고려 귀족사회를 대표하는 문벌로까지 성장한 가문만도 여럿이었다. 십훈요에 근거하여 고려시기에 호남지역이 정치적으로 차별을 받았던 것처럼 말하는 것은, 역사적 진실과는 거리가 먼 이야기였던 셈이다.

제8조에 담긴 왕건의 정치적 의도

고려 태조 왕건은 세상을 뜨기 한 달 전 박술희를 불러 신서(信書)와 더불어 이른바 십훈요를 전하였다. 이는 자신의 뒤를 이을 후대 왕들에게 남긴 열 조목의 유훈(遺訓)이었다. 고려 역대 왕들로 하여금 준수하도록 당부한 일종의 왕실 가훈이었던 셈인데, 이 가운데 우리 지역과 관련하여 주목을 받아온 것이 제8조의 일부 내용이다. 해당 부분을 옮겨보면 아래와 같다.

차령이남 및 금강의 바깥은 그 지리적인 형세가 모두 배역의 방향으로 달리므로 그 지역의 인심도 또한 그러할 것이다. 따라서 만약 그 아래 쪽 지역민들이 조정에 참여하여 왕후 국척과 혼인하고 국가권력을 장악하게 되면, 나라를 어지럽히거나 혹은 (앞서 우리 고려에 후백제가) 통합당한 원한을 품고 국왕이 거동하는 길을 범하여 난을 일으키려 할 것이니 …… 비록 그 양민이라 할지라도 벼슬자리에 두어 일을 보도록 하지 아니함이 마땅하다(『고려사』 2, 태조 26년 4월).

위 내용을 언뜻 보면 고려시기에 차령산맥과 금강의 이남 즉 현재의 호남지역이 정치적으로 굉장한 차별을 받았을 것으로 짐작해 볼 수가 있다. 과연 실제로 그러하였을까?

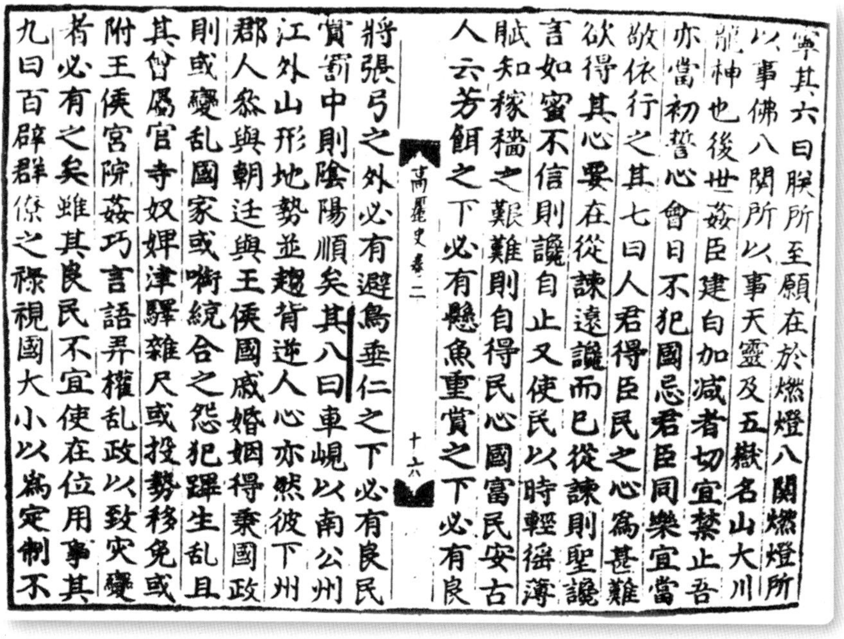
寧其六曰朕所至願在於燃燈八關燃燈所
以事佛八關所以事天靈及五嶽名山大川
龍神也後世姦臣建白加減者切宜禁止吾
亦當初誓心會日不犯國忌君臣同樂宜當
敬依行之其七曰人君得臣民之心爲甚難
欲得其心要在從諫遠讒而已從諫則聖讒
言如蜜不信則讒自止又使民以時輕徭薄
賦知稼穡之艱難則自得民心國富民安古
人云芳餌之下必有懸魚重賞之下必有良

高麗史 卷二 十六

將張弓之外必有避鳥垂仁之下必有良民
賞罰中則陰陽順矣其八曰車峴以南公州
江外山形地勢並趨背逆人心亦然彼下州
郡人參與朝廷與王侯國戚婚姻得秉國政
則或變乱國家或銜統合之怨犯蹕生乱且
其曾屬官寺奴婢津驛雜尺或投勢移免或
附王侯宮院姦巧言語弄權乱政以致灾變
者必有之矣雖其良民不宜使在位用事其
九曰百辟群僚之祿視國大小以爲定制不

호남 차별의 증거로 오해된 십훈요 원문 일부(『고려사』 2, 태조 26년)

잘 알려져 있듯이, 위 조항을 비롯한 십훈요의 내용과 그것이 세상에 드러나게 된 경위를 둘러싸고 지금까지 수많은 의문이 제기되고 있다. 왕건이 죽은 후, 십훈요는 그 존재 여부마저 불분명하다가 현종대 갑자기 등장하였기 때문에 일찍부터 학자들 사이에 십훈요 위작설 또는 변조설이 제기되었다. 그렇지만 요즈음 십훈요 날조설에 수긍하는 연구자는 없다. 오히려 십훈요야말로 태조 왕건의 정신세계를 보여 주는 중요한 자료라는 의견에 동조하는 분위기이다.

그러나 한편으로 생각해 보면, 십훈요의 등장 경위나 그 내용에 미심쩍은 부분이 많은 것도 사실이다. 실제로 위조설이 제시하고 있는 의문점 가운데 상당 부분이 아직 해결되지 않고 있기도 하다. 따라서 기왕의 위조설을 부정하는 데 열중하기보다는 다시 한 번 여러 의문점들을 재검토해 볼 시점이 되지 않았는가 여겨진다. 특히 십훈요가 처음 세상에 알려졌다고 하는 현종대의 정치상황에 대한 깊은 검토가 필요할 것으로 판단된다. 그렇게 하는 것이 고려초기의 역사를 이해하는데 더욱 기여할 것으로 보인다.

십훈요 가운데 우리 지역과 관련하여 제8조가 눈길을 끌어 왔다. 이 조항은 그 내용의 특이성으로 인하여 위작설 내지 변조설의 유력한 근거로 제시되곤 하였다. 그런데 만약 조작된 것이 아니고 태조의 유훈이 맞다고 가정했을 경우에는 이를 어떻게 이해하여야 할까? 풍수지리상으로 볼 때 금강은 개경을 겨누는 활 모양으로 배역(背逆)의 형세이며, 호남의 섬진강·영산강·만경강·동진강 등도 동남·서남 혹은 서쪽으로 각기 흩어져 흘러가 불길한 지세를 이룬다고 한다. 그런데 이는 호남에만 해당하는 것은 아니며, 영남의 경우에도 그것은 매한가지라는 지적이 있다. 영남의 강과 산들도 개경을 등지고, 서남 혹은 정남·동남으로 달아나는 배역의 형세임에는 다름이 없다는 것이다. 고려시기에 남방의 '삼대배류수(三大背流水)'로서, 영산강·섬진강과 함께 낙동강을 꼽았던 것도 그러한 증거라고 할 수가 있을 것이다. 왕건이 풍수지리를 내세워 호남지역

평양 조선역사박물관에 전시되고 있는 태조 왕건상. 1993년 고려 태조 왕건의 무덤인 현릉을 정비하기 위한 발굴조사 과정에서 관을 안치하는 현실(玄室)의 북쪽으로 5m 떨어진 지점의 지하에 사방 1.5m 크기의 화강암 석판에 덮인 채 묻혀 있었다.
서울신문 포토라이브러리

평양에서 발굴된 태조왕건상

주민에 대한 차별을 정당화하려 하였던 것은 이론을 편파적으로 적용하였다는 혐의를 벗을 수가 없다고 하여도 지나치지 않을 것으로 믿는다.

그렇다면 왕건이 그처럼 무리한 주장을 펴면서까지 호남지역민들을 견제하려 한 까닭은 무엇이었을까? 말할 것도 없이 그것은 후삼국시기의 치열한 쟁패전에서 유래한 것으로 생각된다. 당시 왕건은 후백제로부터 수많은 시달림을 받았는데, 대구 팔공산전투에서는 후백제군의 포위망에 갇혀 목숨을 잃을 뻔한 위기도 있었다. 그가 후백제로부터 받았을 중압감을 떠올려보면, 후백제인들에 대해 그와 같이 경계심 내지 증오심을 품는 것은 당연했을 것이다. 후백제지역 주민들이 통합당한 원한을 품고서 변란을 꾀할지도 모른다는 그의 판단이 십훈요 제8조의 바탕이 되었다면, 왕건의 판단이 그리 잘못된 것으로만 여겨지지 않는 것이다. 훗날 거란의 제2차 침입을 피하여 남으로 피난 중이던 현종 일행이 옛 백제땅이라 하여 전주를 들르지 않고 그냥 지나쳐야 했던 것도, 태조 왕건 이래 고려왕실의 후백제지역에 대한 경계심이 어떠하였는지를 잘 보여 주는 예라 할 수 있다.

그런데 여기에서 한 가지 떠오르는 의문은, 그렇다면 과연 고려 왕조에서 실제로 호남 출신들을 정치적으로 차별했나 하는 점이다. 이와 관련하여 우선 십훈요 제8조의 '차령 이남 및 금강 바깥'이 구체적으로 어느 지역을 지칭하는 것인지 살펴 볼 필요가 있다. 언뜻 생각하기에 이 구절이 호남지역 전체를 가리키는 것인가 오해하기 쉬운데, 반드시 그렇지만은 않았던 것으로 보인다. 장화왕후 오씨 가문을 비롯하여 최지몽·박영규 및 선승(禪僧) 형미(무주, 강진)와 윤다(나주)·경보(영암) 등 왕건의 측근 인물들 중에서 호남 출신이 찾아지는 것을 보면 쉽게 짐작할 수 있다. 이와 반대로 금강과 차령 산맥의 사이에 있는 좁은 지역, 말하자면 현 충남의 일부 지역만을 가리키는 것으로 보려는 견해도 있지만 이것은 문맥을 왜곡하여 번역한 것으로 수긍하기 어려운 주장이다.

가장 널리 받아들여지는 해석으로는 문제의 구절이 옛 후백제지역을 지칭한 것이라는 설이 있다. 나주 등 일찍부터 왕건 자신에게 협조적이던 지역 출신의 인물들까지 견제하고 소외시켜야 할 까닭이 없었으리라는 점에서, 일리 있는 의견이라고 할 수 있다. 실제로 왕건의 곁에서 활동하였던 장화왕후 오씨 가문을 비롯하여 최지몽·형미·윤다·경보 등이 모두 나주지역 출신 내지 그와 연고를 맺고 활동한 인물들이었던 점도, 그 같은 해석을 뒷받침하는 유력한 근거라 할 수 있다. 나주 출신이 아닌 인물로는 승주 출신의 박영규 정도만 찾아볼 수 있는데, 그는 견훤의 사위로서 후백제가 망하기 직전 견훤의 뒤를 이어서 고려로 귀부해왔다. 이러한 그를 최지몽 등과 동일하게 취급할 수는 없을 것이다. 요컨대 십훈요 제8조에 나오는 '차령의 이남 및 금강의 바깥' 지역이란, 광주를 비롯한 전남의 북동부 내륙지방과 전북 일대 등 끝까지 후백제 영토로 남아있던 지역을 가리킨 것으로서, 나주를 중심으로 한 전남의 서남 해안 지역 일대는 거기에서 제외된다고 보아야 할 것 같다.

역사적 사실이 아닌 호남지역민들의 정치적 차별

이제 고려시기에 실제로 호남 출신, 구체적으로 나주 등 전남의 서남해안 일대를 제외한 옛 후백제지역민들이 정치적으로 차별받은 적이 있었는지 알아보도록 하자. 광주와 전주를 위시한 전남의 북동부 내륙 및 전북 지역 출신이 관직에 진출하기 시작한 것은 대략 4대 임금인 광종대부터였다. 광종은 왕권을 강화하고자 강력한 개혁을 추진했던 것으로 유명한 국왕이다. 그는 개국공신을 비롯하여 개혁에 저촉되는 구세력을 과감히 숙청하는 한편 시위군을 강화하고 과거제를 시행하면서 신진세력을 발탁하였다. 그 과정에서 중국 귀화인과 함께 후백제계와 발해계의 인물들이 다수 중앙에 진출하였던 것으로 알려져 있다. 말하자면 광종의 개혁정치를 계기로 옛 후백제지역 출신이 관직에 나아가게 되었다고 할 수 있겠는데, 유방헌(전주) · 김심언(영광) · 장연우(고창) · 전공지(영광) 등이 그 대표적인 인물들이었다. 이들은 광종~성종대에 과거급제 등의 경로를 거쳐 중앙에 진출하여 큰 활약을 벌이면서 재상에까지 오르기도 하였다.

태조 왕건이 후삼국을 통합한(936년) 이래 광종 초기까지 대략 30년 동안, 신라계와 나주지역 출신의 활발한 진출에 비해 후백제계는 상대적으로 차별과 냉대에 시달렸을는지도 모르겠다. 그렇지만 한 세대가 흘러 적어도 광종의 개혁정치가 시작된(956년) 이후에는, 이들이 중앙에 진출하는데 별다른 제약은 없었던 것으로 보인다.

차별이 있었다면 상대적으로 더욱 심했을 법한 고려전기에도, 옛 후백제지역을 포함하는 호남지역 출신이 유별나게 정치적으로 소외되었음을 암시하는 증거는 찾아 볼 수 없다. 고려 전기에 전남지역 토성으로서 중앙에 진출하여 명문으로 성장한 문벌귀족가문도 여럿이 나오는데 영광김씨(靈光金氏), 광양김씨(光陽金氏), 그리고 정안임씨(定安任氏) 등이 그러한 예이다.

또한 지역에 따른 과거급제자의 시기별 추이를 보자면, 고려전기에는 경기도 출신이 일방적인 우세를 보인 가운데 경상도와 전라도 출신은 그 다음으로 비슷한 비중을 차지하였다. 무인정권기에는 경기도세(20.5%)가 많이 약화되고 대신 경상도세(24.1%), 전라도세(21.7%)가 상대적으로 커졌으며, 몽고 간섭기에는 경상도세가 폭발적으로 늘어나 43.3%를 차지하여 전라도(20.6%)보다 2배가 넘게 되고 경기도, 충청도는 13~14%만을 차지하였다. 특히 광종~정종년간의 경우 경기도 27%, 경상도 24.3%, 전라도 24.3%, 황해도 13.5%, 충청도 8.1%인데, 이로 보아 후백제 영토였던 전라도 지역의 인물들이 정치적으로 차별을 받았다는 것을 짐작하기는 힘들어 보인다.

십훈요는 그것이 세상에 알려지게 된 경위나 내용에서 신빙성을 의심받고 있는 자료이다. 그렇지만 설령 그것이 태조 왕건이 남긴 유훈이 맞는다고 할지라도, 그것을 근거로 고려시기에 호남지역민들이 정치적으로 차별받았다고 한다면, 그것은 역사적 진실을 무시한 거짓 주장이라고 할 수 밖에 없을 것이다. 현대에 들어 정통성이 결여된 정권에 의해 조작되고 부풀려진 지역 간의 갈등이 마치 과거에서부터 그러하였던 것처럼 그 역사적 근거로서 십훈요를 들먹이는 모습은 이제 사라져 마땅하다.

■ 참고문헌

금서룡, 「고려 태조 훈요십조에 취하여」, 『동양학보』 8-3, 1918.

이병도, 「태조 십훈요에 대한 신고찰과 거기에 나타난 지리 도참」, 『고려시대
　　　의 연구』, 아세아문화사, 1980.

김성준, 「십훈요와 고려태조의 정치사상」, 『한국중세정치법제사연구』, 일조각,
　　　1985.

무신정변(의종 24년, 1170) 이후의 격동기를 맞이하여 전남지역에도 예외없이 변혁의 회오리가 몰아쳤는데, 민중봉기의 소용돌이 속에서 담양을 중심으로 백제부흥운동이 일어났고 몽골에 굴복하는 것에 반대하여 진도에는 삼별초정권이 들어섰다.

무신정변과 고려사회의 변화

무신정변으로 성립된 무인정권 100여 년간은 문벌귀족이 중심이 된 고려전기와는 확실히 성격상 많은 차이를 지닌 시기였다. 정치적으로 무신들이 권력을 장악한 다음 문·무신이 대등한 정치세력으로 성장했고, 국왕과 기존의 공적 질서가 유지는 되었으나 실제적으로는 그 가운데에서 무장들의 기구가 전면에 나서 통치의 중심으로 기능하기도 하고, 또 무인독재정권이 확립되면서는 그를 위해 종사하는 사적 성격의 통치기구들이 새로 마련되어 공적질서 내의 기구들과 병립하는 양상을 띠었다.

이러한 상황 속에서 경제질서도 제대로 지켜질 리가 없었다. 무인집정(武人執政)을 비롯한 권력을 장악한 무장들은 다투어 남의 토전을 빼앗아 겸병하고 수탈을 서슴지 아니하였고, 민중의 생활은 한층 빈궁해져 갈 수 밖에 없었다. 전시과(田柴科)제도와 민전(民田)을 중심으로 한 토지제도가 혼란을 겪으면서 농장이 발달함에 따라 그에 수반된 경제질서 역시 변화가 불가피하였던 것이다.

지방수령들의 불법과 수탈은 이전부터 문제가 되어 왔지만 무인 정권기에 들어와 한층 심하여졌다. 그렇지 않아도 어려운 생활에 시달려 유민화(流民化)하던 농민들은 이제 한걸음 더 나아가 민란을 일으켰다. 그런데 하층민의 봉기를 무인정권은 무력을 앞세워 강압 진정시켰을 뿐이었다.

최이집권기에 몽고의 침입이 개시되었다. 이에 최이는 상하를 압박하면서 강화도로 천도를 강행하였다. 강화도의 무인정권은 전시체제를 구축하고 백성들과 고통을 함께하면서 전쟁에 임한 것이 아니라 육지에 남아 갖은 고난을 당하는 백성들은 외면한 채 강도(江都)의 방위에만 주력하고, 개경에서와 별다른 차이가 없는 사치와 향락적인 생활을 함으로써 비난의 대상이 되었다. 무인정권은 여러 모로 부정적인 측면을 내포한 정권이었다 할 것이다.

담양 이가당(李家黨)의 '백제를 부흥시키자'

무인정권시기에 일어난 삼국부흥운동(三國復興運動)은, 고려가 후삼국을 통일한 지 250여 년이 지나고 삼국시대가 사라진 지 500년 이상 경과한 다음의 사건이었다.

삼국 가운데 백제의 부흥운동은 가장 늦게 일어났는데, 오늘날의 전남 담양군 인근에서 이연년 형제가 '이가당'이라 불리던 세력을 규합하면서부터였다. 이연년 등은 백제도원수(百濟都元帥)라고 자칭하여 백제의 부흥을 내세운 거사를 도모하였고, '무뢰지도(無賴之徒)' 혹은 '산림(山林)'이라 불리던 지배체제의 이탈세력을 끌어 모아 상당한 규모의 봉기 집단을 조직하였다. 이러한 백제부흥운동은 적어도 고종 23년(1236) 말엽 이전에 일어났던 것으로 여겨지는데, 당시는 몽골의 제3차 침입의 두 번째 진군 방향이 고려의 남서부 지역으로 향하고 있을 때였다. 이 시기는 몽골군이 전라도의 일부 지역에까지 침입했다가 철수하던 혼란기로 인해 고려의 통치력은 온전히 작용하기 힘든 상황이었고, 이를 이용하여 이연년 형제는 거사를 일으킨 것이다.

주모자 이연년 형제는 원율현의 호족 출신이었다. 이들은 무신정변에 의해 피해를 입은 문신 계층이거나, 혹은 그와 연결되는 계통의 인물이었던 것으로 보인다. 이들은 무인정권의 침탈과 몽고 침입으로 생존의 위협을 느끼던 농민들의 동요에 편승하여, 자신들의 정치적 야망을 실현하려 하였다. 때문에 이연년 형제는 가혹한 수탈과 몽골의 침략이라는 이중의 고통에 시달리던 농민들에게 가렴주구를 없애고 몽골군의 살육으로부터 벗어나게 해주겠다는 것을 약속하였다. 그리고 백제계 석탑을 건립하는 등의 방법으로 백제의 옛 땅에 살던 주민들 사이에 당시까지 남아있던 백제에 대한 회고의 감정에 호소하면서 백제부흥을 표방하였다. 결국 백제부흥운동은 무인정권의 시기에 빈발하던 민중봉기가 고양되어 고려왕조를 부정하는 움직임으로까지 발전한 것이었다.

백제부흥운동이 처음 일어난 곳은 전라도 원율현에 있는 금성산성(金城山城)이었다. 현재의 담양군 금성면과 용면 일대로서 지금도 현지에는 원율리라는 지명이 남아있고 바로 그 동북쪽에 있는 금성산성을 중심으로 이연년 형제는 '산림'을 불러 모아 봉기를 일으켰다. 금성산성을 거점으로 세력을 모으던 이연년 형제는 원율현에서 시작하여 곧 담양을 휩쓸었으며, 오래지 않아 해양(海陽 ; 현, 광주) 지역까지 점거하면서 위세를 떨치게 되었다.

이연년이 처음 봉기하였던 담양금성산성(문화재청 홈페이지)

　백제의 부흥을 꾀한 집단은 초적이라 불리던 농민봉기군으로서, 명칭에서 짐작할 수 있듯이 짚신을 신은 촌민들이 그 대부분을 차지하였다. 최씨무인정권 아래에서 과중한 부담을 이겨내지 못하고 농토로부터 이탈하여 떠돌던 농민들이 이연년 형제의 주도 아래 뭉친 것이다. 그리고 일부이긴 하지만 승려들도 가담하였는데, 이연년의 백제부흥운동에는 최씨무인정권에 반대하는 성향을 지닌 적지 않은 사원세력이 가담하였을 가능성이 크다고 하겠다.

　이가당의 세력의 위세에 놀란 강화도의 고려 조정은 김경손을 지휘사로 삼아 대처하도록 하였다. 김경손이 아직 백제부흥군의 수중에 들어오지 않은 나주로 향하자, 한창 기세를 올리고 있던 농민봉기군도 이 소식을 듣고 나주로 향하였다. 나주에서 싸움이 시작되었지만, 김경손이 선발한 30여 명의 별초(別抄)가 이연년의 목을 베었고 승리의 기회를 잡은 관군은 후퇴하는 농민군을 수십 리나 뒤쫓아 마침내 궤멸시켰다.

당시 농민봉기군은 조직이나 훈련의 면에서 정돈되지 못한 군대였다. 그들은 조정의 통치력이 약화된 상황에서 봉기하여 기세를 올려 담양과 광주 등의 여러 고을을 점령하기도 하였지만 실상 그것은 고을을 차지한 주력부대가 다른 곳으로 이동하면 점거가 끝나버리는 일회성의 것이었다. 그러므로 백제도원수를 자칭하던 이연년이 자만하여 나주를 공격하다가 패배하고 전사하자, 백제부흥운동도 자연히 종말을 맞이하고 만 것이다.

이연년이 죽고 백제부흥운동은 실패로 끝났다. 농민들의 변혁지향적인 열기를 등에 업고 새로운 사회로 나아가고자 했던 그들의 포부는 중간에 좌절되고 말았던 셈이다. 그렇지만 이를 안타까워하는 지역주민들의 심정은 설화의 형태로 지금까지 전해져 내려오고 있다. 담양의 읍지류에 원율 출신으로 실려 있는 전우치에 대한 설화같은 것이 그러한 예이다. 설화의 주인공 전우치는 실재했던 인물로 알려져 있다. 그러나 전우치의 도술이나 의협 행각에는 그 이전 시대의 여러 인물들의 모습이 겹쳐져 나타난다. 지방관의 부패상을 폭로하고 빈민을 구제하는 따위의 그의 활약 내용에는 어쩌면 실패자 이연년에 대한 원율 주민들의 보상 심리가 내재되어 있는지도 모를 일이다.

또한 원율현 사리역의 용마(龍馬) 설화도 그와 마찬가지가 아닌가 한다. 원율의 사리역에 용마가 있었는데, 늘 고갯마루로 날아가서 숨어 있곤 하였다고 한다. 이후 원율현에서는 이인(異人)과 술사(術士)가 많이 나왔고, 때문에 나라에서는 원율현을 폐지시켜 담양으로 합치고 말았다는 것이다. 이러한 설화에는 뛰어난 이인·술사가 출현하여 자신들을 구제해 주기를 바라던 민중들의 염원이 깃들어 있다. 뿐만 아니라 과거에 이와 같은 이인·술사 예컨대 이연년과 같은 인물이 나타나 현실을 개혁하려다 실패한 데 대한 민중들의 아쉬움이 그러한 설화에 담겨졌다고 생각된다.

그런데 여기서 우리가 주목해야 할 점은, 이후에는 지역 주민들의 이처럼 안타까워하는 감정이 백제의 부흥이라는 구호와 연결되어 나타나지 않았다는 사실이다. 이를 염두에 두고 보면, 이연년의 실패를 아쉬워하는 지역 주민들의 감정은 백제를 부흥시키고자 하는 염원에서 생겨난 것이 아니라 가혹한 수탈 등으로부터 벗어나게 해 줄 구제자의 출현을 기대하는 마음에서 일어났음을 알 수 있다. 말하자면 백제부흥운동을 이끌었던 이연년의 실패가 지역적 분립주의의 한계를 드러낸 사례일 수 있으나 그것을 북돋우는 재료가 될 수 없었음을 깨달아야 할 것이다.

진도에서 삼별초는 무엇 때문에 싸웠나

삼별초는 무인집권자 최이가 수도의 치안 유지를 위하여 창설한 야별초(夜別抄)에서 비롯되었다. 야별초가 나중에 좌별초와 우별초로 나누어졌고 여기에 몽고군에게 포로가 되었다가 돌아온 자들로 신의군(神義軍)이 구성되면서 셋을 합해 삼별초라 부른 것이다.

삼별초는 창설 이후 역대 무인정권의 특별한 관심과 대우를 받고 있었다. 무인정권의 권력자들은 이들에게 보수를 후하게 주었을 뿐 아니라 사사로운 혜택을 베풀어 삼별초가 그들의 뜻에 따라 움직이게 하였다. 삼별초는 무인정권이 몽고와 항전을 결정할 때 가장 든든한 힘이 되어 줄 수 있었고, 권력자들이 서로의 정적을 제거할 때도 이해관계에 따라 그들의 손과 발의 역할을 하였다.

이러한 삼별초군이 고려정부에 반항하며 봉기를 일으켰는데, 그 이유는 원종 11년(1270) 개경 환도를 강요받고 몽고에서 귀국하던 국왕이 몽고군과 항전을 고수하던 임유무를 제거하고 개경 환도를 국내외에 선포했기 때문이었다.

원종의 개경환도 결정은 대다수의 삼별초군에게 기득권 상실은 물론 그들의 생명까지도 위협받을 수 있다는 위기의식을 느끼게 했던 것 같다. 반란을 일으킨 삼별초군의 주동자는 장군 배중손과 야별초지유 노영희였는데, 이들은 우선 강화도와 육지 사이의 교통을 끊어 관리들과 백성들이 강화도 밖으로 빠져 나가지 못하게 하는 한편 왕족인 승화후 왕온을 국왕으로 삼아 새로운 정부를 구성하였다. 그러나 원종의 결정으로 민심이 동요하여 많은 사람들이 강화도를 빠져 나와 육지로 도망하는 사태가 발생하자 배중손은 사태의 불리함을 깨닫고, 1270년 6월 3일 섬 안에 있는 1천여척의 선박을 모아 많은 재물과 만여명의 백성·노비들을 싣고 강화도에서 출발하여 남하하였다.

강화도를 떠난 삼별초군은 여러 가지 조건을 고려하여 진도를 근거지로 선택하였다. 우선 진도는 강화도와 달리 개경과 멀리 떨어져있어 독자적인 세력 기반을 구축하기에 적합하였고, 육지에 가까운 곳에 위치하여 연안과 섬은 물론 내륙 지방에까지 영향력을 미칠 수도 있었다. 게다가 진도와 해남 사이에 있는 울돌목의 거친 물결은 적의 침입을 막기에 매우 유리하였으며, 섬안의 비옥한 토지에서 생산되는 물자들은 외부로부터 고립되는 경우를 대비하는 데 알맞은 여건을 제공하였다. 끝으로 진도는 해상 교통의 요충지였다. 경상도와 전라도에서 개경으로 가는 공부(貢賦)는 대부분 진도를 지나 황해 바닷길로 운반되었다. 진도의 삼별초 정부는 이러한 물자들을 장악하여 경제적 토대를 튼튼히 할 수 있었다.

진도를 거점으로 한 삼별초 정부는 새 수도를 건설하였는데, 현
재 진도군 내면 용장리에 남아있는 용장산성(龍藏山城)의 총 길이
가 12.85 km, 성 안의 면적은 약 258만 평, 건축물의 유적지의 규모
가 약 7천 평에 이르는 것을 보면 그 도성의 웅장함을 쉽게 짐작할
수 있다. 삼별초정부는 수도 건설과 아울러 활발한 군사 활동을 전
개하였는데 각 지방에 격문을 보내 대몽 항전을 독려하였고, 울돌
목에서 몽고군과 김방경의 정부군을 크게 격파하기도 했다. 이리하
여 삼별초군은 원종 12년(1271) 초까지 남해도·거제도·흑산도·
제주도 등 주요한 섬들을 공략하여 남해 일대를 완전히 장악하였
다. 그들은 진도를 중심으로 해상왕국을 건설하였던 것이다.

진도 삼별초 정권이 자리잡았던 진도용장성(진도군청 홈페이지)

해상에서 뿐만 아니라 육지에서도 삼별초군의 활약은 대단하였
다. 장흥·마산·동래·김해 등지를 습격하여 조세 창고를 탈취하
고, 건조 중인 전함을 불태우기도 하였다. 삼별초군이 이처럼 위세

를 떨치자 전라도와 경상도 지역의 많은 수령들이 진도 정부에 복속하고자 하였으며, 진도 정부는 승화후 왕온을 황제라 칭하면서 이들에게 명령을 내리기도 하였다. 또한 수도인 개경에서는 관노인 숭겸과 공덕이 사람들을 모아서 다루가치와 관리들을 죽이고 삼별초 정부에 투항하려 하였고, 경기도 대부도의 주민들도 몽고인을 살해하는 등 개경 정부에 저항하는 모습을 보였다.

진도의 삼별초 정부는 일본에 외교 문서를 보내 자신들이 고려의 정통 왕조임을 역설하면서 지원을 요청하기도 하였다. 이는 삼별초의 존재를 국제적으로 알림과 동시에 일본과 공동으로 몽고 침략에 대처하기 위함이었다. 이처럼 삼별초 정부의 세력이 커지자 개경 정부와 몽고는 각각 김방경과 아해를 사령관으로 삼아 여러 차례 진도를 공격하였고, 원종 12년(1271) 5월 여몽연합군의 총공격으로 삼별초 정부가 함락되어 승화후 왕온과 배중손은 피살되었다.

진도가 함락된 이후 김통정이 이끄는 삼별초군의 일부가 제주도로 들어가 제주에 내외성을 쌓아 방비하면서 남·서해안까지 진출하여 조운선을 탈취하는 등 끈질기게 항거하였지만, 대규모의 고려군과 몽고군의 토벌군에 의해 끝내 정벌되고 말았다.

그렇다면 삼별초는 무엇을 위해 싸운 것일까? 그 이유가 궁금한데, 삼별초가 무인정권의 무력기반이었다는 점을 염두에 두고서 이유를 짐작해보자. 당시 강화도에 주둔해 있던 왕실세력과 무인정권 세력이 몽고의 압력으로 인한 개경 환도 문제를 두고 갈등이 생겼고, 결과적으로 권력 내부의 정쟁에서 무인정권이 패배하였다. 때문에 무인정권의 무력기반이었던 삼별초군은 이에 반발하여 반란을 일으킨 것으로 그 해답을 찾을 수 있다. 즉, 삼별초가 저항했던 이유는 그들이 떠받들고 있었던 무인정권을 회복하는 데 있었거나,

당장의 눈앞에 닥친 정치적 보복으로부터 벗어나기 위한 것이라고 할 수 있다. 무인 정권을 붕괴시킨 세력이 몽고와 결탁했기 때문에 삼별초의 반란을 대몽항쟁의 연장으로 보기도 하지만, 그것이 무인 정권의 앞잡이였던 삼별초의 전력이나 권력투쟁에서 파생된 정변을 정당화시켜주지는 못할 것이다.

■ 참고문헌

박용운 (수정·증보판),『고려시대사』, 일지사, 2008.

민현구,「고려중기 삼국부흥운동의 역사적 의미」,『한국사시민강좌』5, 일조
　　　각, 1989.

윤용혁,「고려 대몽항쟁기의 민란에 대하여」,『고려대몽항쟁사연구』, 일지사,
　　　1991.

변동명,「고려 무인정권기의 백제부흥운동과 이연년」,『남도문화연구』6, 순
　　　천대학교 남도문화연구소, 1997.

김당택,『고려의 무인정권』, 국학자료원, 1999.

　무인정권이 성립된 후 뒤이어 농민항쟁이 일어나자, 농민들은 탐학한 지방관을 처단하고 반정부를 내세워 봉기하면서 한편으로는 각지의 사원을 불 지르고 승려들을 죽였다. 이처럼 당시 사원은 농민들에게 더 이상 신성한 믿음의 성지가 아니라 그들을 수탈한 탐욕스런 지주로 받아들여지고 있었다. 여기에 승려들이 반성하면서 스스로 변혁을 꾀하게 되었다. 이러한 분위기 속에서 사찰을 정화하고 승려들을 정화하기 위한 개혁적인 신앙결사(信仰結社)운동이 일어나게 되었던 것이다. 결사란 뜻을 같이하는 도반(道伴)들이 자기네의 신앙에 대한 수행을 위하여 맺은 단체라는 의미에서 이 단체를 사(寺)가 아닌 사(社)라고 불렀다.

　고려후기의 불교신앙 결사운동 가운데 조계종의 수선사(修禪社)와 천태종의 백련사(白蓮社)가 대표적인데, 수선사는 순천 송광사의 정혜결사(定慧結社)였으며 백련사는 강진 만덕사에서 일어난 법화결사(法華結社)를 말한다.

지눌, 송광사에서 불경 읽고 참선하세

　수선사의 개창자 지눌(1158~1210)은, 지방의 향리지식층으로서 하급관리를 지낸 인물의 자제였다. 승과(僧科)에 합격하였지만 이렇다 할 승직(僧職)도 갖지 못했던 그는 권력과 연결된 부패한 불교를 박차고 개경을 떠나 결사를 실행한 승려였다. 처음 그가 대구 팔공산 거조사에서 정혜결사를 시도하면서 작성한 권수정혜결사문(勸修定慧結社文)을 보면

> 우리들이 아침저녁으로 행한 자취를 돌이켜보건대 불법을 빙자하여 나를 꾸미고 이로운 길만 찾는다. 또한 속세에 빠져 도덕은 닦지않고 옷과 밥만을 허비하니 비록 다시 출가한들 무슨 공덕이 있겠는가

라고 하였는데, 그 속에는 세속적으로 변질된 교단의 부패상을 고발하고 승려로서 뼈저린 자기반성이 들어있다.

지눌은 선(禪)과 교학(敎學)이 근본에 있어 둘이 아니기 때문에 불교 수행의 핵심적인 두 요소인 선정(禪定 ; 참선)과 지혜(知慧 ; 看經)을 함께 닦아야 한다는 정혜쌍수(定慧雙修)를 바탕으로 철저한 수행을 선도하였다. 또 지눌은 내가 곧 부처라는 깨달음을 위한 노력과 함께 꾸준한 수행으로 깨달음의 확인을 아울러 강조한 돈오점수(頓悟漸修)를 주장하였다.

정혜결사의 바탕이 되는 이론이 돈오점수인데, 돈오는 인간의 본래 면목은 부처와 조금도 다름이 없기 때문에 돈오라고 하며, 비록 돈오하여도 묵은 습관은 갑자기 없어지는 것이 아니므로 점수라는 종교적 실천이 계속되어야 한다는 것이다. 선종을 중심으로 하되 교종을 함께 공부함으로써 교와 선의 대립을 극복하고자 한 지눌의 논리는 고려불교가 지향하던 선교일치사상(禪敎一致思想)을 완성한 것으로, 종파 사이의 대립과 명리에 집착한 당시 불교계에 대한 일대 혁신적 불교개혁운동이었다.

지눌은 이러한 기초 위에 지혜의 장애를 완전히 떨쳐 버리기 위

해 간화선(看話禪)을 받아들여 화두(話頭)를 참구(參究 ; 진리를 참선하여 연구함)하게 하였던 것이다. 화두, 즉 무자(無字) 화두를 붙들게 하는 것은 개념적 이해를 거치지 않고 직접 깨달음을 얻는 수행론이다. 쉽게 말해서 손가락을 통해서 달을 보지 않고 직접 달을 보는 것이다. 이와 같이 지눌의 사상은 교선의 절충적 단계를 뛰어넘은 교선일치의 독특한 철학세계를 마련하였다.

송광사에서 정혜결사를 제창한 지눌의 부도
(문화재청 홈페이지)

지눌을 이은 제 2세 사주(社主) 진각국사 혜심은 화순 출신으로, 24세(1201) 때 과거의 예비시험인 사마시(司馬試)에 합격한 유학자였다. 그는 지눌의 간화선을 적극적으로 고양하여 선(禪) 우위의 새로운 불교로 접어들게 하였고, 유불일치설을 주장하면서 심성의 도야를 강조하여 장차 성리학을 수용할 수 있는 사상적 토대를 마련하기도 하였다.

수선사를 후원하는 세력은 시기에 따라 변하였다. 수선사 초기 지눌시기에는 중앙의 무인정권과 직접적인 관련이 없었던 것 같은데, 이 무렵 수선사에 참여했던 인물들은 크게 승려와 후원자로 나누어진다. 후원자 중 가장 두드러진 인물은 금성(나주)

안일호장 진직승과 그의 처 진의금 부부였다. 그들은 백금 10근을 시주하여 이를 사찰 조성비용으로 삼게 하였을 뿐 아니라, 지눌의 저술인 『화엄론절요』를 출간할 때도 시주하였다. 인근의 부자들은 재물을, 가난한 자들은 노력을 보태 사찰을 크게 건축하였던 셈이다. 이와 같이 지눌의 수선사 중창은 송광사 부근의 지방 사람들, 특히 향리 등의 적극적 지원 아래 가능하였던 것이다.

그렇다면 지방민들은 왜 지눌의 수선사 중창에 발 벗고 나섰던 것일까? 무신난 이후 고려사회의 급격한 변화 속에서 지눌의 참신한 불교사상은 새로운 사회의식에 눈뜬 지방민의 종교적 욕구를 자극하기에 충분하였다. 이들과 지눌은 교감이 없을 수 없었다. 중생의 다양한 능력을 바탕으로 중생을 절대 긍정하여 성불(成佛)의 가능성을 모두에게 개방하고자 한 지눌의 이론은 당시 역사발전에서 역동적으로 분출된 하층민의 동향과 무관하지 않을 것이다.

수선사가 최씨무인정권의 집정자인 최이와 직접적인 관련을 맺게 된 시기는 진각국사 혜심 때였다. 당시에는 강종을 비롯한 왕실, 최이를 비롯한 무인세력, 최홍윤을 비롯한 무인정권에 참여한 문인들이 수선사에 귀의함으로써 수선사가 중앙의 정치세력과 연결되어 크게 융성하게 되었다. 특히 최이는 두 아들 만종과 만전 (최항)을 혜심에게 출가시켰을 뿐 아니라 막대한 논밭과 염전 등을 시주하여 수선사의 사원경제를 풍족하게 해주었다. 혜심은 최씨무인정권의 물질적인 지원에 정신적 후원을 아끼지 않았으나, 최이가 강화도로 초청하자 끝까지 거절하여 중앙의 집권세력과 일정한 거리를 유지하려고 했다.

요세, 백련사에서 염불하고 참회하세

　수선사와 어느 정도 관련을 가지면서도 서로 다른 성격의 신앙결사로서 요세(1163~1245)가 제창한 백련결사가 있었다. 요세는 속성이 서씨이며, 경상도 합천지방의 토호의 자제로 태어났다. 23세(1185)에 승과에 합격하였지만, 개경의 고봉사 법회에서 크게 실망하여 신앙결사에 뜻을 두고 명산을 유람하였다.

　일찌기 지눌의 수선사에 참여했다가 사상적 차이를 느낀 요세는 희종 4년(1208) 영암 월출산 약사암에 있을 때 조계선에서 천태교관으로 되돌아갈 결정적인 자각을 하게 되었다. 그는 탐진(현, 강진)의 토호 최표·최홍 형제, 이인천 등의 요청으로 만덕산 옛터에 사찰을 크게 중창하고, 고종 3년(1216)에 낙성법회를 하였다. 이어 고종 19년(1232)에 '보현도량(普賢道場)'을 열어 정토구생(淨土求生)을 닦으며, 자신의 행동을 진정으로 참회하는 법화신앙에 중점을 두었다.

귀부(고려)와 석비(조선)의 건립연대가 다른 독특한 양식의 보물 1396호
강진백련사사적비(문화재청 홈페이지)

요세는 평소 검약하였으며 세상의 일을 함부로 말하지 않았고, 개경의 땅도 밟지 않았다. 또한, 시주들이 가져온 재물을 빈궁한 사람들에게 골고루 나누어 주어 수행인으로서 모범적인 생활태도를 유지했다고 한다.

요세가 참회와 정토를 강조했다면 수선사의 지눌은 지혜와 참선을 강조하였다. 지눌이 교화의 대상을 '최소한 지혜력 정도를 가진 스스로 깨우칠 수 있는 뛰어난 능력을 지닌 사람'으로 하였던 것에 비해 요세는 '죄의 업장(業障 ; 불도의 수행과 선행을 막는 장애)이 깊고 두터워 자기 힘으로는 도저히 해탈할 수 없는 나약하고 평범한 인간'을 상정하였다. 이 때문에 농민들은 백련사를 더욱 선호하였다고 보인다. 자신의 행동을 진정으로 참회하는 법화신앙에 실천을 둔 백련결사 역시 지방민들의 적극적인 호응을 얻었고 수선사와 양립하여 고려후기 불교계를 이끌었다.

백련결사 역시 기존의 불교계에 대한 자각과 반성을 촉구하면서 등장한 신앙운동이었다. 백련사 결성에 경제적으로 지원한 사람들을 보면, 대몽항쟁을 내세워 개창한 보현도량 이전에는 강진의 지방토호와 지방수령이었다. 그런데, 개창 이후에는 최씨무인집정자와 이들과 밀착된 중앙관직자 및 새로운 지식인층으로 바뀌게 된다. 고종 24년(1237) 여름 국왕이 요세에게 선사의 칭호와 함께 세찬을 내리기도 하였고, 1240년 8월 보현도량에서 『법화경』을 조판할 때 최이가 그 발문을 작성함으로써 백련사와 최이정권의 밀접한 유대를 과시하였다.

요세에게 출가하여 백련사에서 큰 활동을 하였던 제4세 사주 천책은 1236년에 「백련결사문」을 지었는데, 그는 법화사상을 기본으로 참회를 강조하며 서민불교를 지향하였다. 또한 불교의 입장에서 유불의 근원을 동일하게 이해하였다.

이처럼 조계종과 천태종에서 각기 전개한 수선사와 백련사의 신앙결사운동은 종지(宗旨)나 수행방법에서 차이를 보이고 있지만, 당시 불교계의 모순에 대한 비판과 자각에서 비롯되었다는 공통점을 지닌다. 또한 그 주도세력은 종래처럼 왕족이나 문벌귀족이 아니라 지눌과 요세처럼 지방의 향리·유학자 출신·농민 등이었다. 특히 불교의 중심지가 지방사회로 확산되고 있었던 것 역시 지나칠 수 없는 중요한 사실이다.

■ 참고문헌

채상식, 「수선결사 성립의 사회적 기반」, 『고려후기불교사연구』, 일조각, 1991.

김당택, 「최씨무인정권과 수선사」, 『고려의 무인정권』, 국학자료원, 1999.

이계표, 「원감국사 충지, 원 간섭기의 수선사 승려」, 『변혁기의 인물과 역사』, 사회문화원, 1996.

이정신, 「불교개혁의 표본 결사운동」, 『고려시대 사람들이야기 - 교육·사상 및 문화생활』, 신서원, 2003.

박영제, 「불교 교단의 세속화, 지눌의 결사불교」, 『고려시대 사람들은 어떻게 살았을까 1 - 사회·문화생활이야기』(개정판), 청년사, 2005.

4. 공예품의 지존, 고려청자

고려 귀족들은 자신들의 사치생활을 즐기기 위해 여러 예술작품을 만들어 썼는데, 그 가운데 자기공예(磁器工藝)가 뛰어났다. 자기 중에서 가장 이름난 것은 비취색이 나는 비색(翡色) 청자인데, 전남 강진과 전북 부안 등지에서 만들어진 최상급의 청자는 서남해의 연안해로를 거쳐 고려의 도읍 개경으로 운반되어 왕실과 사원 그리고 귀족들의 애호품으로 널리 사용되었다.

최근 충남 태안 앞바다에서는 800여년 전 침몰된 고려청자운반선 태안선(2008)과 고려곡물운반선 마도(馬島) 1 · 2호선(2009~2010)이 발굴 2만여 점이 넘는 비색순수청자가 출토 · 인양되었는데, 이것들은 청자의 편년연구 및 생산지 · 유통체계 등을 이해하는 데 큰 도움을 주고 있다.

청자의 메카 강진과 부안

고려 문화재 중 백미는 역시 고려청자라고 할 수 있다. 고려에 사신으로 왔던 송나라 사람 서긍(徐兢)은 자신이 쓴 『고려도경(高麗圖經)』에서 청자의 색깔을 '비색(翡色)'이라고 하면서 그 아름다움을 칭송하였을 정도였는데, 그윽한 색뿐 아니라 다양한 형태와 고상한 무늬 또한 천하의 명품으로 손꼽았을 정도로 빼어났다.

강진은 부안과 더불어 대표적인 고려청자의 생산지였는데, 강진군 사당리와 용운리 등에서는 188개의 가마터가 조사되었으며 이 가운데 100곳이 사적으로 지정되었을 정도이다. 강진의 가마는 국가에 청자를 납품하는 관요(官窯)로서, 최고급의 청자를 만들어서·남해안의 해로를 거쳐서 개경으로 공급되었다. 고려청자가 중국을 능가하는 독특한 세련미와 완성도를 갖추게 되는 시기의 청자 가마터는 강진과 부안일대에 주로 분포하였다.

강진지역에 관요가 들어설 수 있었던 까닭은 입지조건이 훌륭하였기 때문이다. 일반적으로 청자생산의 3대요소로 흙·나무(연료)·기술을 들고 있는데, 연료용 나무가 특히 중요하였다. 강진요와 인접한 장흥 천관산은 원간섭기에 일본정벌을 위한 선박을 건조할 때 쓰이는 목재를 공급할 정도로 수목이 울창하였다.

11세기부터 강진 계율리 일대의 가마에서 세련된 청자가 만들어지기 시작하였다. 생산된 청자는 햇무리 굽을 특징으로 하였는데 청자접시의 경우 굽이 좁아지고, 몸체가 작아지며 구연부가 밖으로 약간 벌어지는 양식을 가지고 있다. 한편 청자 제작 기술이 절정을 이루는 12세기 중엽 이후 강진과 부안일대의 가마터를 조사해보면, 생산품목에서 고려 초기의 주 생산품이었던 다완이나 제기 외에 정병, 향로매병 등 특수 용기와 더불어 기와, 장식 타일 같은 건축용재 및 화장 용구, 문방용품, 약 용품에 이르기까지 청자 사용이 생활의 여러 부분으로 다양하게 확대되고 있다.

12세기 후반에서 13세기 전반에 이르는 시기는 고려시대 도자사에서 비색청자에서 상감청자시대로 넘어가는 시대였다. 강진요에서 상감청자가 생산되기 시작한 것은 12세기 중엽부터였다. 상감기법이란 청동기 제작에 사용하던 은입사수법(銀入絲手法)을 청자에 적용한 것으로써, 그릇 표면을 긁어낸 뒤 자토를 채워 넣는 기법인

사자모양뚜껑향로
(국립해양문화재연구소 보고서)

데, 높은 온도로 굽는 과정에서 성분이 다른 흙이 터지지 않도록 하는 고도의 기술이 필요하였다. 상감기법의 청자적용은 다른 나라에서는 찾아볼 수 없는 우리나라 유일의 장식기법이다. 당시는 고려 내에서 보다 광범위한 청자 소비층이 확보되던 시기로, 생산지도 용운리 뿐 아니라 사당리와 삼흥리 등 강진 전역으로 퍼져나가고 번조(燔造 ; 질그릇·사기그릇을 불로 구워서 만들어냄)·시유(施釉 ; 도자기 표면에 잿물을 바르는 일)기법도 대량생산을 위한 방식으로 개선되었다.

고려청자는 1231년 몽골의 침략 이후 쇠퇴의 길로 접어들게 되었다. 전쟁을 치룬 이후 청자의 제작이 위축되었고, 전에 비해 비색이라는 좋은 청자색을 찾아보기 어려워졌기 때문이다. 상감 문양은 과거의 양식이 이어졌지만 조잡하고 거칠어졌고, 번조기술력도 떨어졌다. 청자의 질이 이처럼 떨어지게 된 이유로는 우선 그동안 청자제작이 주로 관의 가마에서 이루어져 왔었는데, 몽골의 침입과 원나라의 내정간섭으로 국세가 기울어져 청자제작에 집중할 수 없었던 정치적 현실을 들 수 있다. 또한, 주요청자 생산지였던 강진과 부안일대의 많은 가마터가 잦은 왜구 침략으로 폐쇄되었던 한편으로 조선사회로 들어가면서 실생활에 필요한 그릇을 만들어 쓰는 사회적 분위기가 조성된 것도 한몫 하였다.

14세기 고려 말에 접어들면서부터 분청사기(粉靑沙器)라고 하는 분을 바른 회청색의 사기가 등장하였다. 공민왕대 이후 서남해안지역에 위치하였던 청자의 주된 생산지는 창궐하던 왜구 때문에 거의 황폐화될 지경이었다. 때문에 서남해안에 자리 잡았던 다수의 청자 가마터가 파괴되고 결국 장인들은 내륙으로 작업장을 옮기게 되었지만 새로운 가마터에서 청자 제작에 적합한 흙을 찾는다는 것이 간단한 문제가 아니었다. 장인들은 어쩔 수 없이 거친 흙으로 자기를 생산할 수밖에 없었고, 제품의 표면은 거칠어지게 되었다. 장인들이 마치 화장하듯 그릇의 표면에 백토를 두텁게 발라 새로이 분청사기를 제작하였던 까닭이 여기에 있다. 바로 상감의 아들이 분청자라는 청자 2세대가 시작되었던 것으로, 조선에 이르러 완성된 백자 역시 오랫동안 축적된 고려청자 제작 기술을 토대로 가능하였던 것이다.

광주광역시 무등산 자락 충효동에 위치한 가마터는 15세기에 만들어진 대표적인 분청사기 가마이다. 충효동 가마는 관요로써, 공공기관에 상납할 도자기를 제작하였다. 이 곳에서 출토된 도자기에는 다양한 글씨가 쓰여 있어서 제작자와 제작소, 그리고 제작연대 등을 알려주는 중요한 자료가 되고 있다.

배에 실려 개경나들이

청자의 운반은 서해안을 따라 항해하여 개경으로 운반하는 해로를 주로 사용하였는데, 이는 당시 세금을 나르던 조운선(漕運船)의 항로와 일치하였다. 조운해로는 우리나라 서해안에서 발견·신고된 234곳의 수중문화재 해로와 대부분 같아서, 서해안의 연안항로를 중심으로 조운과 도자기 운반이 함께 이루어졌음을 알 수 있다.

고려시대에 전국 각지에서 거둔 조세와 공물을 선박에 의해 수도 개경으로 운반하는 것을 조운(漕運)이라 하는 데, 그 일을 담당하는 기관이 바로 조창(漕倉)이었다. 고려 때 이 조운을 맡아 본 조창은 모두 13개가 있었는데, 덕흥창(현, 충북 충주시)·흥원창(현, 강원 원주시)·하양창(현, 경기 평택시)·영풍창(현, 충남 서산시)·안흥창(현, 전북 부안군)·진성창(현, 전북 군산시)·해릉창(현, 전남 나주시)·부용창(현, 전남 영광군)·장흥창(현, 전남 영암군)·해룡창(현, 전남 순천시)·통양창(현, 경남 사천시)·석두창(현, 경남 마산시)·안란창(현, 황해 장연군) 등이 그것이다. 당시의 조운은 한강의 수로를 이용하거나, 남해안과 서해안의 연안해로를 통하여 이루어지고 있었다.

2008년 태안 앞바다에서 발굴된 고려 청자운반선 태안선은 개경으로 청자를 운송하기 위해 별도로 꾸려진 것으로서 당시 전라도지역에서 청자운반 전용의 큰 배가 출항하였음을 짐작하게 한다. 또한, 청자는 별공(別貢)의 하나로서 국가의 조운선에 실려 유통되어지기도 했는데, 2009년에 발굴된 곡물운반선 마도 1·2호선에 출토된 청자가 바로 그것들이다. 수중 발굴로 얻어진 화물표와 출토품을 통해 정리하면, 이 배는 정묘년(丁卯年; 1207) 10월에서 무진년(戊辰年; 1208) 2월에 전라도 장흥·해남·나주 일대 포구에서 곡물류(벼, 조, 메밀, 콩, 메주)와 젓갈류(고등어, 게, 새우, 멸치), 도자기 등을 싣고 개경으로 항해하던 중 마도 앞의 거친 바다 '난행량(難行梁)'에서 침몰한 것이었다.

2008년 청자운반선에서 발굴된 목간을 통해 청자의 구체적인 운송 경로 및 모습을 살펴볼 수 있다. 수중에서 고려시대 목간이 나온 것은 이번이 처음으로, 목간의 분석 결과 여기서 나온 청자가 대부분 전남 강진에서 제작된 것임을 알게 되었다. '탐진(耽津)'이라는 강진의 옛 이름이 새겨진 목간이 몇 개 출토되었기 때문이다. 글자가 비교적 선명하여 잘 알아볼 수 있는 목간도 있는데 그중에는 청자의 제작 장소와 목적지 등을 알 수 있는 것도 있다. 예컨대 '탐진현재경대정인수호부사기팔십(耽津縣在京隊正仁守戶付砂器八十)'이라 쓰인 것이 있다. 이는 '탐진현에서 개경에 있는 대정 인수의 집에 도자기 팔십 개를 보낸다'는 뜻이다. 이를 보면 배에 실려 있던 청자의 일부는 전남 강진에서 만든 것이며 수신자가 하급 장교인 대정 벼슬에 있는 인수란 인물임을 알 수 있다. 또 도자기라는 화물의 종류와 그 수량까지 표기하였음도 알 수 있다.

이로써 목간은 선적된 청자에 대한 생산지 및 목적지, 운송 물량, 운송 책임자 등이 기재된 일종의 물표(物標)임을 알 수 있다.

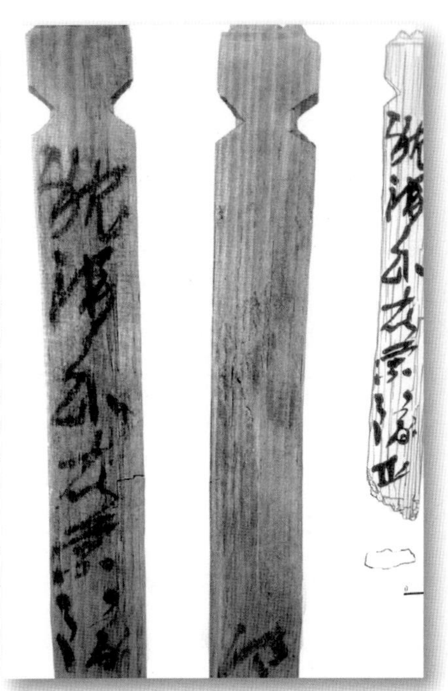

'탐진'이라는 먹물글씨가 선명한 목간
(국립해양문화재연구소 보고서)

수중발굴, 청자 살아있네

2007년 5월 18일 충남 태안군 안흥항 근해의 앞바다에서 주꾸미를 잡아 올리던 어부 김용철(58세) 씨는 소라 통발에 청자를 붙들고 올라오는 주꾸미를 발견하였다. 바로 주꾸미가 붙잡은 이 청자접시 때문에 고려청자운반선 태안선이 천여 년 만에 햇빛에 그 실체를 드러내게 되었다. 일반적으로 주꾸미가 청자를 물고 온다는 것은 쉽게 이해가 되지 않지만, 봄철 산란한 주꾸미는 외부로부터 알을 보호하고자 주변의 조개껍질 등을 빨판으로 흡착해서 입구를 은폐하는 습성이 있는데 조개껍데기를 대신해 해저에 노출되어 있던 청자를 사용했던 것이다.

쭈꾸미가 들어 올린 청자접시
(국립해양문화재연구소 보고서)

수중발굴이 이루어지고 있는 태안 앞바다는 예로부터 '난행량(難行梁)' 혹은 '안흥량(安興梁)'이라고 불렸던 곳으로 선박의 재난사고가 빈번하였다. 안흥량은 조수 간만의 차가 심할 뿐 아니라 곳곳에 암초가 자리하고 있어 조세를 운반하는 조운선도 자주 침몰하는 지역이었다. 따라서 한 때는 이 지역을 통과하기가 어렵다 하여 '난행량'으로 불리기도 하였다. 그 후 안전하게 지나기를 바라는 뜻에서 '안흥량으로 지명이 바뀌었던 것이다. 또한, 태안 앞바다는 경상·전라·충청일대 조운선의 주요통과지점인 동시에 역사적으로 보면 중국·일본 등의 국제적 사신선과 무역선이 개경에 도착하기 위해서 반드시 통과해야 하는 항로였다. 이러한 맥락에서 태안 앞바다는 수중의 박물관이라고 해도 과언이 아닐 만큼 수중문화재의 보고(寶庫)라고 할 만하다.

충남 태안 대섬 해저의 고려청자운반선 태안선에서 발굴되는 유물의 대부분은 고려청자이다. 23,000여 점이 발굴된 도자기의 기종은 청자대접·접시·완(盌)·잔 등의 일상용기가 다량 확인되었는데, 참외모양주전자·두꺼비모양벼루·사자모양향로와 같은 특이한 기종도 있다. 청자로 제작된 벼루가 있기는 하지만 철화와 퇴화로 무늬가 된 두꺼비형의 청자벼루는 지금까지 보고된 바 없는 매우 희귀한 예이다. 해학적이고 사실적으로 표현한 사자모양향로와 희귀한

두꺼비모양의 벼루
(국립해양문화재연구 보고서)

스님들의 밥그릇 청자발우
(국립해양문화재연구소 보고서)

고려 백자 소합 1점 역시 수습되었다. 또한, 3~4개가 1조를 이루는 승려들의 식사용구인 발우(鉢盂)가 상당량 수습되어 고려시대 불교사

원의 위세와 승려들의 생활상을 알려주는 귀중한 자료가 될 것이다.

2008년 청자운반선에 나온 도자기의 출항지나 출토지는 강진지역에서 조사된 청자들과 그 형태와 특징이 유사하여 강진생산품으로 추정할 수 있는데, 출토된 목간에서 '탐진(耽津)'이라는 명문이 발견되어 명확하게 확인되었다. 이것들은 제작상태가 양호한 상품으로 왕실이나 귀족층에서 사용했을 것으로 추정된다.

청자 주전자와 승반(접시) 그리고 받침대로 된 청자세트(국립해양문화재연구소 보고서)

2009년에도 충남 태안군 근흥면 마도 앞 바다에서는 고려 세곡과 특산품을 실은 마도 1·2호선이 발굴되었다. 발굴 결과 기록으로만 알려졌던 고려시대 조운선의 실체를 확인할 수 있는 선체일부와 화물표·각종공물·도자기·죽제품·석탄 등이 실려 있었다. 이외에도 고려 때 먹던 곡물과 가공식류 등이 실물로 처음 확인되었고, 받침대와 승반(承盤 ; 주전자를 받치는 접시)을 갖춘 표주박 모양주전자 등의 청자류가 출토되어 이 시기 고려청자의 절대연대 기준을 얻었다.

청자가 실려있던 선박에서는 화물표인 죽간이 있었는데, 그 가운데 수령현(遂寧縣 ; 현, 장흥)이 기록된 죽간이 있는 것으로 보아 청자류는 강진에서 만들어진 것으로 추정된다. 특히 청자주전자·승반·받침대가 세트로 출토되어 특징적인데, 고려시대 주전자는 주로 둥근 대접모양의 승반위에 올려서 그 아름다움과 품격을 높였다. 영국의 미술사가 하니(W.B. Honey)가 "일찍이 인류가 만들어낸 도자기 기운데 가장 아름다운 것"이라고 극찬하였듯이, 고려청자는 세계 도자기사의 독창적인 문화유산임에 틀림없다.

■ 참고문헌

김일우, 「세계가 놀란 고려청자」, 『고려시대 사람들이야기 3 - 교육·사상 및 학교생활』, 신서원, 2003.

장남원, 「푸른 옥으로 핀 꽃, 천하제일의 고려청자」, 『고려시대 사람들은 어떻게 살았을까 1 - 사회·문화생활이야기』(개정판), 청년사, 2005.

국립해양문화재연구소, 『특별전: 고려 ! 뱃길로 세금을 걷다』, 국립해양문화재구소, 2009.

국립해양문화재연구소, 『고려청자 보물선 - 태안 대섬 수중 발굴 조사보고서』, 국립해양문화재연구소, 2009.

국립해양문화재연구소, 『태안 마도 1호선 수중 발굴 보고서』, 국립해양문화재연구소, 2010.

5. 격변기 민중의 신앙

몽고군의 침입과 왜구의 출몰로 인해 발생한 행정적인 공백, 지역민의 유리(遊離), 경제적인 피해, 인명 피해 등은 고려의 지방사회를 뒤흔들었다. 이와 같은 격변기에 고려 민중의 바람은 무엇이었을까? 정부를 비롯한 지방의 수령들 어느 누구도 농민들의 고단한 삶을 해결해주지 못하는 상황 속에서 농민들은 외롭고 힘들게 스스로 안전을 도모해야했다. 그래서 민중은 천불천탑(千佛千塔)을 만들어 성불(成佛)할 수 있기를 소원하였고, 향을 땅에 묻어 전쟁과 질병, 가난이 없는 미륵이 다스리는 세상을 갈망하였던 것이다.

민중의 염원이 담긴 천불천탑(千佛千塔)

화순군 도암면에 있는 운주사는 '천불천탑(千佛千塔)'으로 널리 알려진 사찰이다. 신라말 도선국사가 창건했으며 그가 도력(道力)으로 하룻밤 사이에 천불천탑을 만들어 세웠다고 전해진 사찰이다. 그러나 운주사에 대한 문헌기록은 단지 조선시대의 지리지류에 단편적인 기록만 전해지고 있다. 조선시대 지리지류에 '운주사는 천불산에 있으며 좌우의 산등성이에 있는 석불과 석탑이 각각 1천 개이다. 또 석실에 2개의 석불이 서로 등지고 앉았다'는 거의 비슷한 내용이 기록되어 있을 뿐이다. 운주사의 창건 시기는 고려초기이며, 소위 '천불천탑'의 조성 시기는 고려중기 이후라고 한다. 이로 미루어 사찰의 창건과 불탑의 조성 시기는 다른 시대적 배경 아래 이루어졌으며, 불사(佛事)의 주체도 서로 달랐던 것으로 여겨진다.

운주사의 불사 조성의 시기는 대체로 고려중기에서 시작되어 고려말기에 이르는 오랜 기간 이루어진 것으로 여겨진다. 이는 역사적인 여건을 감안할 때 13~14세기경에 집중적으로 조성되었을 것으로 보인다. 13세기 불교계의 동향은 군소종파의 난립, 토착적 신비사조의 부활, 민중 중심의 지방불교로 나타났는데, 특히 이 시기는 민중과 결합된 결사운동이 두드러지게 나타났었다. 운주사의 불상을 만드는 일도 13~14세기경의 새로운 불교 경향과 밀접한 관련을 가지면서 조성된 것으로 보인다.

운주사의 여러 불상을 건립하는 일은 한 번에 이루어졌다기보다는 오랜 기간을 통해 많은 노동력과 재력이 동원되었을 것이다. 그리하여 불사의 조성목적이나 발원내용이 동일하지 아니하고 다양하였을 것이다. 또한 불사의 주체도 어느 개인이나 하나의 가문이 아닌 여러 세력 집단 혹은 각기 다른 계층의 후원세력으로 여겨진다.

불상을 만들었던 시기를 살피는 데 있어 여러 불상의 조각기법이나 특징을

운주사원형다층석탑

이해하는 것은 대단
히 중요한데, 운주
사의 불상들은 단
순·투박하면서도
다양한 양식을 띠고
있다. 특히 백제계
석탑의 양식요소가
검출되고 있어 주목
된다. 이것은 백제

운주사의 미완성 불상(소위 와불)

문화의식의 소산으로 고종 23년(1236) 백제부흥을 표방했던 이연년
형제의 반란과 가까운 시기인 13세기 중엽에 조성되었던 것으로 추
측이 가능하다.

　운주사의 천불(千佛)조성은 천불신앙에 바탕을 둔 것이다. 천불신
앙은 과거장엄겁(過去莊嚴劫)·현재현겁(現在現劫)·미래성숙겁(未來
成熟劫)의 삼세삼천불(三世三千佛) 가운데 현재현겁의 천불을 조성하
고 예불하는 신앙을 가리킨다. 석불조성의 주체는 승려라기보다 경제
력을 가진 지방토호들과 인근 지방민이었다고 생각되는데, 출가하지
않은 일반 신자(재가불자)들이 자신의 원불(願佛)로써 천개의 불상을
조성하여 야외에서 예배·축원의 대상으로 안치하였다고 짐작된다.

　그리고 불탑신앙은 『법화경』과 밀접하게 관련되어 있다. 『법화
경』에서는 불탑공양을 말하면서, 특히 출가하지 않은 신도가 불탑
공양으로 성불할 수 있다는 점을 강조하고 있다. 출가한 승려와 달
리 이들은 계율 및 선정과 지혜를 제대로 닦을 수 없으며, 자신의
힘만으로 깨달음에 도달하지 못하기 때문에 불사리를 공양하거나
부처를 예배함으로써 부처의 자비에 의지하여 구원될 수밖에 없다

고 여겼다. 따라서 출가하지 않은 신자는 불탑예배신앙에 의해 성불할 수 있다는 것이 불탑신앙의 요체인 셈이다. 운주사의 천탑은 이러한 불탑신앙에 의해 조성되었던 것으로 여겨진다. 이 불탑신앙의 주체도 석불의 그것과 마찬가지로, 출가하지 않은 신자로서 지방토호나 지방민이 중심이 되었을 것이다. 이들은 천 개의 탑을 조성하여 예배·기원함으로써 성불할 수 있다는 믿음을 가졌다.

왜구의 침략과 매향(埋香)활동

14~15세기는 고려말과 조선초에 해당하는 시기로 역사적 격변기였다. 사회적으로 많은 변화가 있었는데, 왜구의 출몰은 지방사회의 동요를 가져오는데 한 몫 하였다. 게다가 설상가상으로 부족한 식량을 구하려 해안을 약탈한 왜구는 사람까지도 잡아갔다. 일본과 가까운 경상도 해안에 출몰하기 시작한 왜구는 점차 전라도 지역으로 활동범위를 넓혔고, 이로 인해 해안에서 가까운 수십 리의 땅에는 사람이 살 수 없을 정도였다.

왜구의 침입은 고려말기인 충정왕 2년(1350) 무렵부터 본격화되었고 시간이 지날수록 점점 잦아졌다. 그 침입 지역도 함경도로부터 제주에 이르기까지 고려의 전 지역을 망라하고 있었고 특히 해안을 끼고 있는데다가 많은 섬을 거느리고 있는 전남지역의 경우는 왜구의 침탈이 가장 심했다. 이 지역의 조운선이 잇달아 수백 척씩 피해를 입자 조정에서는 연해창(沿海倉)을 내륙으로 옮기도록 하였고, 특히 서남해의 중심이라 할 수 있는 진도가 세 번씩이나 그 고을을 내륙으로 옮긴 것도 이러한 사정을 반영하고 있다.

충정왕대 이후 전남지역에 왜구가 침입한 횟수를 왕대별로 살펴보면, 충정왕대에 2회, 공민왕대에 5회, 우왕대에 15회, 창왕대에 3회였다. 특히 우왕대 왜구 침략은 전국에 걸쳐 빈번하게 이루어졌으며, 전남의 경우도 마찬가지였다. 지역별로 살펴보면, 순천·광주·장흥·목포지역에 가장 빈번하게 왜구가 침략했던 사실을 확인할 수 있다. 이 지역들 외에는 비록 1회씩 침략했으므로 전남지역은 거의 전 지역에 걸쳐 왜구의 약탈지역이었던 셈이다. 그런데 광주를 제외하면 대부분이 해안가에 있는 지역들이 잦은 침략을 받았다.

전남지역을 유린하였던 왜구의 규모는 어느 정도였을까? 이는 지리산 일대에 침략한 아지발도(阿只拔都)가 이끌었던 왜구를 통해 대체적인 규모를 짐작해 볼 수 있다. '사방으로 공격하여 드디어 크게 깨뜨렸다. 냇물이 온통 붉어져 6~7일간이나 빛이 변하지 않아 사람들이 마시지 못하였다 …… 노획한 말이 1,600여 필이었으며, 무기는 셀 수 없이 많았다. 처음에는 적이 우리의 10배였는데, 겨우 70여 명이 지리산으로 달아났다'라고 하는 우왕 6년(1380) 황산대첩 당시『고려사』의 기록에 따르면, 다소의 과장은 있었겠지만 왜구의 병력 수는 매우 큰 규모였음을 짐작할 수 있다. 전북 남원시 인월면(引月面)에는 당시 이성계의 황산대첩과 관련해 재미있는 지명유래 설화가 전한다. 이 설화에 따르면 이성계는 황산에서 캄캄한 그믐밤에 왜장 아지발도와 싸우게 되었는데, 이성계가 밝은 달이 솟게 해달라고 빌자 보름달이 떴고 이처럼 하늘의 도움을 입어 대승을 거두었다고 한다. 그래서 나중에 이곳을 끌인(引)과 달월(月)을 써서 인월(引月) 즉 달오름마을이라고 불렀다는 이야기이다.

왜구의 침입에 대하여, 고려정부는 왜에 사신을 보내는 등 회유책을 펼쳤다. 그러나 회유책이 실패하자 전함을 건조하여 수군을 강화하였고, 화약과 화포를 제조하였다. 최영의 홍산대첩, 이성계의 황산대첩, 정지의 남해대첩은 왜구를 격멸한 대표적인 전투였다. 특히 정지는 나주 출신으로서, 경남·전북 지역을 비롯하여 주로 전남지역에 침입한 왜구를 격퇴하는데 큰 공을 세웠다.

이러한 장군들의 무훈에도 불구하고, 이미 왜구의 침략으로 발생한 백성들의 고통과 혼란은 엄청난 것이었다. 따라서 그 속에서 지역민들은 나름대로 자신의 안위를 도모하여야 했는데, 이와 관련하여 당시 전남의 해안지역에서 유행한 매향신앙(埋香信仰)은 눈여겨볼만하다.

매향신앙은 향나무를 바닷가에 묻는 신앙활동으로, 이는 향을 묻어 침향목(沈香木)으로 만들어 발원자(發願者)와 미륵부처가 연결되기를 바라는 것이다. 이때 매향비(埋香碑)를 남기는데, 매향비란 향을 묻으면서 그 연유와 시기, 장소 그리고 관련된 사람들을 기록하는 비문을 말한다. 매향신앙은 미륵신앙 중에서도 하생(下生)신앙과 직접 연결되고 있다. 미륵하생신앙이란 민중이 하생한 미륵과 만나고 그가 주관하는 용화회에 참여함으로써 내원(內院 ; 도솔천의 내부로,

고려말(1371년)과 조선초(1410년)에 걸쳐
한 비석에 2회의 매향사실이 기록된
영광법성입암리매향비(문화재청 홈페이지)

미륵보살이 사는 곳)에 들어가 전쟁, 질병, 가난이 없는 곳에서 살
게 된다는 믿음이다.

이러한 매향신앙과 관련 있는 유적으로 경남 고성 삼일포 매향비
와 충남 해미매향비를 비롯해 여러 매향비가 전국에 남아있다. 특
히 전남지역에는 영암 엄길리 매향비(1344)·영광 법성 매향비(1371,
1410)·암태도 매향비(1405)·해남 마산 매향비(1406)·장흥 덕암 매
향비(1434) 등 상당수가 발견되었는데, 이것들은 모두 해안지역이
나 도서지역에 위치하고 있다.

매향은 어떠한 사람들이 했던 것일까? 전남에서 발견된 매향비를
중심으로 매향을 주도한 집단을 살펴보면, 가장 시기가 빠른 영암
엄길리 매향만이 미타계(彌陀契)라는 불교결사조직이 매향을 주도
하고 있을 뿐 나머지 4종은 모두 향도(香徒)가 주도하였다. 향도는
촌락공동체 조직이며 불교신앙단체의 성격을 지닌 집단이다. 매향
은 지방관·보(寶)·결계(結契)·향도 등을 통해 주도되었으며 승려
나 지방민이 동참한 형태였다. 이들 조직의 주도자나 주도집단은
초창기에는 승려 또는 신앙조직이 부각되었으나 시기가 지날수록
지역민의 집단성이 강조되고 있다. 즉 지역민들의 필요에 의해 매
향이 이루어졌던 것이다.

그렇다면 매향이 주로 14~15세기에 섬이나 해안지방에서 집중적
으로 행해진 까닭은 무엇일까? 향을 묻었던 경남 사천과 경계를 접
한 고성지방은 충정왕 2년(1350)부터 왜구의 침략을 겪었다. 암태도
는 매향비가 건립된 이듬해 태종 6년(1406) 왜선 6척으로부터 침탈
을 받았다. 이 시기에 왜구의 침략이 극심했으며 그 중에서도 해안
지방과 섬지역의 피해가 컸음은 잘 알려져 있다. 이는 왜구의 침입
과 매향 사이에 깊은 관계가 있음을 의미한다. 왜구의 침탈이 극심

했던 전라도 해안지방을 중심으로 매향이 많이 행해진 사실에서도
이를 알 수 있다. 게다가 불가(佛家)에서는 매향의 최적지로 산곡수
와 해수가 만나는 지점을 우선시하고 있기 때문에 해안지방은 매향
하는 곳으로 가장 적합한 지역이었다. 당시 이러한 지역에 거주했
던 민중들은 왜구의 침입으로 인한 현실의 고통과 불안을 이겨내고
정신적 안정을 구하기 위해 미륵하생신앙과 연결된 매향신앙을 믿
었던 것으로 보인다.

이처럼 고려말과 조선초의 매향신앙은 왜구의 침략에 시달리던
해안지역에서 매우 발달했는데, 그것은 민중들이 침향목을 매개로
발원자와 미륵부처가 연결되기를 기원하는 민중적 불교 신앙 의례
의 한 형태라고 할 수 있겠다. 전라도는 고려말 왜구의 침략으로 인
해 가장 많은 피해를 입었으며, 특히 해안지역의 경우는 지역민들
의 대거 이주, 행정 구역의 변화 등 격심한 동요를 겪었다. 이러한
과정에서 정신적인 안식처가 절실히 요구되었고, 그 바람이 매향신
앙과 자연스레 연결될 수 있었던 것이다.

■ 참고문헌
이계표, 「운주사의 사상적 배경」, 『운주사종합학술조사』, 전남대학교 박물관,
    1991.
이해준, 「전남지방발견의 매향자료와 그 성격」, 『전남문화재』 창간호, 전라남
    도, 1988.
변동명, 「고려말 왜구의 침략」, 『전남지방사서설』, 김향문화재단, 1990.
전병무, 「농민들의 한해살이는 어떠했을까」, 『고려시대 사람들은 어떻게 살았
    을까 1 - 사회·문화생활이야기』(개정판), 청년사, 2005.

Ⅲ.

조선 사회

조선왕조는 건국 직후 전국을 8도로 재편하였고, 고을을 병합하여 그 수를 대폭 줄이었을 뿐만 아니라, 고을 아래에 면을 두어 중앙 집권적 통치체제를 구축하였다. 그리고 연해 지역에 읍성을 쌓았고, 각종 관공서를 짓고 제단과 학교 및 역원을 두어 군현 단위의 통치 시스템을 완성하였다. 이는 일제강점기를 거쳐 오늘에 이르며 우리들 삶의 근간이 되고 있다.

고을을 합쳐 수를 줄이다

조선왕조는 전국 행정구역을 이전의 5도 양계를 8도로 재편하였고, 도의 중심 지역에 감영이라는 관청을 설치하고서 관찰사(또는 감사)라는 장을 파견하였다. 우리 지역 명칭은 이전과 마찬가지로 전라도였는데, 전주와 나주 이름을 따서 정한 것이다. 전주와 나주 지역에서 반란이나 패륜 행위가 발생하면 그 곳을 남원이나 광주로 대체하여 도명을 전남도, 광남도, 전광도로 불린 적도 있었지만, 곧 전라도로 환원되곤 하였다. 그리고 전주에 감영을 두었다. 그리하여 전주는 관찰사가 상주하는 도내 최대 도시였다. 5백여 년이 지난 1896년에 행정구역을 개편하면서, 전국을 13도로 재편하였다. 이때 전라도는 전라남도와 전라북도로 양분되어 오늘에 이르고 있고, 전라남도는 관찰사를 광주에 두어 광주가 오늘날 호남의 최대 도시로 성장할 수 있는 기반이 되었다.

한편, 행정 운영을 편하게 하기 위하여 한 도를 좌도와 우도로 나누어 암행어사 파견 등에 활용하기도 하였다. 전라도의 경우 좌도에는 지리산 산록에 접한 21개 고을이 속하였고, 우도에는 서남부 평야 지대에 들어선 33개 고을이 속하였다(제주도 제외). 서울에서 내려 볼 때에 왼쪽이 좌도이고, 오른쪽이 우도였다. 좌도와 우도는 지리적 조건 때문에 풍습이나 문화 등이 서로 상이하였다. 가령 농악의 경우 좌도의 좌도농악과 우도의 우도농악으로, 판소리의 경우 좌도의 동편제와 우도의 서편제로 구분되었다.

전라좌도(21) : 남원, 담양, 순창, 용담, 창평, 임실, 무주, 곡성, 진안,
　　　　　　　옥과, 운봉, 장수, 순천, 낙안, 보성, 능주, 광양, 구례,
　　　　　　　흥양, 동복, 화순
전라우도(33) : 전주, 익산, 김제, 고부, 금산, 진산, 여산, 만경, 임피,
　　　　　　　금구, 정읍, 흥덕, 부안, 옥구, 용안, 함열, 고산, 태인,
　　　　　　　나주, 광주, 영암, 영광, 함평, 고창, 장성, 진원, 무장,
　　　　　　　남평, 무안, 장흥, 진도, 강진, 해남 (진원은 임진왜란 직
　　　　　　　후 장성에 통합)

또한 조선왕조는 도 아래의 군현 단위 행정구역도 개편하였는데, 그것은 군현을 병합하여 그 수를 대폭 줄이는 방향으로 추진되었다. 그리하여 독립된 고을이 이웃 고을로 흡수되어 사라진 경우가 많았다. 가령, 압해, 반남, 회진이 모두 나주에 흡수되어 사라졌는데, 압해를 본관으로 하는 정(丁)씨(정약용 집안), 반남을 본관으로 하는 박씨(박규수 집안), 회진을 본관으로 하는 임(林)씨는 지금도 남아있어 역사의 흔적을 전한다. 이 가운데 회진 임씨는 본관을 나주로 바꾸었으니, 행정구역 개편을 수용한 결과이다. 이 외에

全羅道五十七官 左道二十一 右道三十六
四牧六府十二郡五令
二十九監六驛十七堡
西海至南京界
진산
금산
무주
용담
여산
용안
함열
익산
고산
옥구
임피
전주
진안
만경
금구
장수
부안
김제
임실
고부
태인
흥덕
정읍
순창
남원
운봉
무장
고창
장성
담양
옥과
구례
영광
창평
곡성
함평
광주
동복
무안
남평
화순
나주
능주
영암
순천
광양
낙안
보성
장흥
강진
흥양
해남
진도

전라도의 좌도와 우도

장택이 장흥에 흡수되었고, 여수가 순천에 흡수되었는데, 장택을 본관으로 하는 고씨(고경명 집안)는 지금도 남아있고, 여수는 19세기 말기에 독립되어 오늘에 이른다.

이와는 달리 1:1로 병합된 경우가 있었다. 가령, 함풍과 모평이 병합되어 함평이 되었고, 도강과 탐진이 병합되어 강진이 되었고, 고흥과 남양이 병합되어 흥양이 되었다. 이 외에 무풍과 주계가 병합되어 무주가 되었고, 부령과 보안이 병합되어 부안이 되었다. 사이좋게 서로 한 자씩을 따서 새로운 고을 이름을 지었던 것이다. 이때 고을 소재를 어디에다 둘 것인가를 놓고 양 쪽에서 실랑이를 벌리기도 하였는데, 강진의 경우 병영이 있는 도강 쪽에 두었다가 나중에 탐진 쪽으로 옮기어 오늘에 이른다. 이때 형성된 고을이 일제강점기에 일부 손질되어 그대로 오늘에 이르는데, 화순, 능주, 동복이 화순이라는 이름으로 병합되었고, 곡성과 옥과가 곡성이라는 이름으로 병합되었던 정도였다.

이렇게 군현을 정비하였지만, 군현의 규모는 천차만별이었다. 그래서 토지와 인구 면에서 규모가 큰 고을을 대읍이라고 하고, 작은 고을을 소읍이라고 하였다. 대읍은 소읍의 3~4배나 될 정도여서 세금 부과 등에서 불평등하여 늘 민원이 끊이지 않았다. 또한 호칭도 단일하지 않고 목-부-군-현이라고 하였다. 가령, 광주와 나주는 목이라고 하고, 순천이나 장흥은 부라고 하고, 영광이나 영암은 군이라고 하고, 구례나 광양은 현이라고 하였다. 하지만 이도 중대한 범죄가 발생하면 강등시켰다가 일정한 시간이 지나면 회복시켜 주었다.

그리고 도와 군현 아래에 면이 있었다. 군현과 리의 중간단계에 해당하는 면이 등장한 시기는 고려 때이지만, 그것이 제도화된 시기는 조선전기이다. 하지만 이때의 면은 동·서·남·북 등 방위면 형태를 띠었고 그 기능도 거의 없었던 것으로 지적되고 있다. 그런데 조선후기에 이르면 면의 이름이 방위명에서 지역명으로 바뀌고 그 기능도 편제상에서 실질적인 행정·조세·군사 업무로 변화되고, 그 수는 고을 당 적게는 4~8개 많게는 20개 이상으로 증가하게 된다. 면사무소라는 기관이 태동하기 시작한 때가 바로 이때이다. 이들 면이 일제강점기에 2~3개가 하나로 합쳐져 오늘까지 이르고 있다.

이리하여 조선왕조는 중앙－도－현－면－리로 이어지는 중앙 집권적 통치체제를 구축하였다. 이런 시스템이 있었기 때문에 외침과 내란을 겪고도 5백 년간 지속될 수 있었다.

바닷가 고을에 읍성을 쌓다

백성들을 직접 통치하는 단위는 수령이 파견되는 고을이었다. 따라서 조선왕조는 수령의 선발과 관리에 심혈을 기울였다. 인연에 얽매이지 말고 공정하게 업무를 처리하라는 의도로 수령을 고향에 파견하지 않았다(상피제). 주민들도 수령의 집무에 관심을 갖고 부정한 행위를 하면 질타를 하였고, 선정을 펼치면 선정비를 세워 오래도록 찬양하였다.

조선왕조는 고을 단위의 통치 시스템을 갖추는 일을 추진하였다. 그것을 몇 가지로 나누어 하나씩 살펴보자.

먼저, 외침을 막기 위해 읍성을 쌓았다. 그렇지만 읍성은 모든 고을을 대상으로 한 것이 아니라, 여진이 침입하는 북쪽 내륙 고을과 왜구가 침입하는 남쪽 연해 고을을 대상으로 하였다. 그리하여 전

라도에는 전주, 용안, 임피, 옥구, 만경, 부안, 고부, 흥덕, 무장, 고
창, 영광, 무안, 나주, 광주, 영암, 해남, 진도, 강진, 장흥, 보성, 낙안,
순천, 흥양, 광양, 구례, 남원 등 26개 고을에만 읍성이 있었다. 나머
지 고을은 읍성 없이 인근에 산성을 두어 유사시 활용하였는데, 장
성은 입암산성, 담양은 금성산성을 두었다.

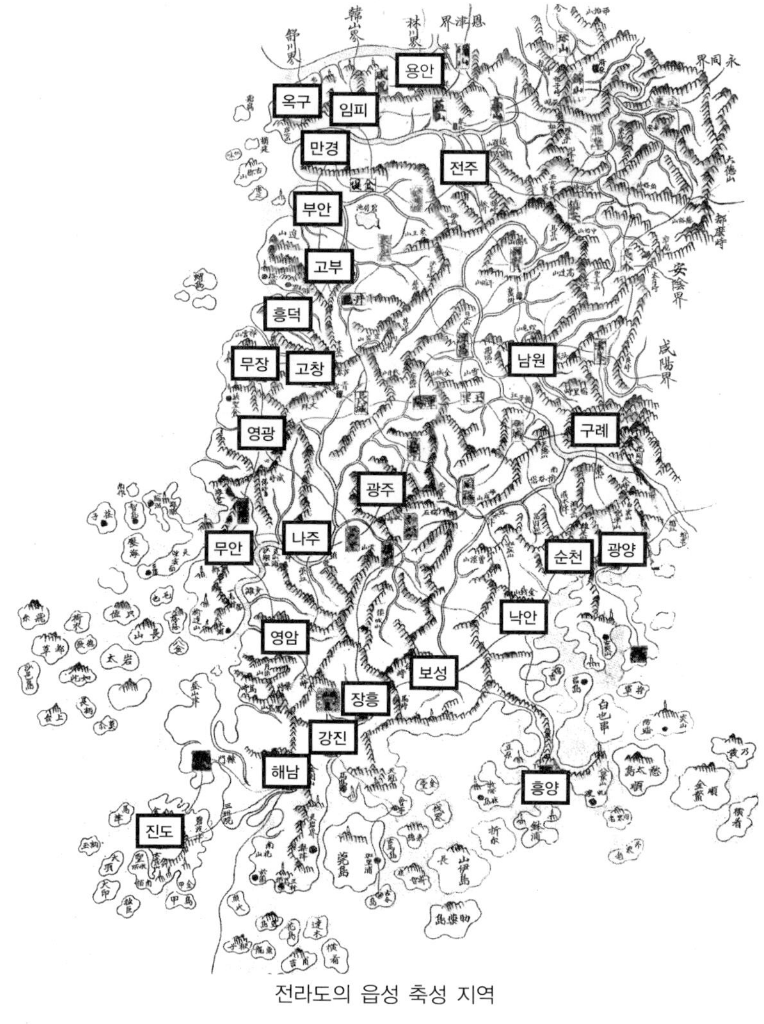

전라도의 읍성 축성 지역

모든 건물마다 이름이 있기 때문에, 읍성도 그 고을의 별호를 따서 이름을 붙였다. 가령, 광주 읍성은 광산성, 고창 읍성은 모양성, 장흥 읍성은 장녕성이라고 하였다. 이들 읍성은 19세기 말기나 20세기 초기에 읍내의 팽창이나 일제의 철거에 의해 대부분 사라지고 말았는데, 광주 읍성의 경우 1907년에 의병을 소탕하기 위해 일제에 의해 헐리기 시작하여 1920년에는 완전히 철거되었다. 그렇지만 고창 읍성과 낙안 읍성은 살아남아 오늘날 관광 자원으로 활용되고 있다.

성곽의 축조와 함께 성문이 갖추어졌다. 보통 성문은 동서남북 4곳에 설치되는데, 광주의 경우 서원문(동문), 광리문(서문), 진남문(남문), 공북문(북문)이 있었다. 이와는 달리 지형에 따라 성문을 3곳에만 둔 곳도 있었는데, 낙안의 경우 낙풍루(동문), 낙추루(서문), 진남루(남문)가 있었다. 서울 남쪽에 있는 전라도는 북문 이름을 대부분 공북(拱北)이라고 했는데, 임금이 계시는 북쪽을 향해서 두 손을

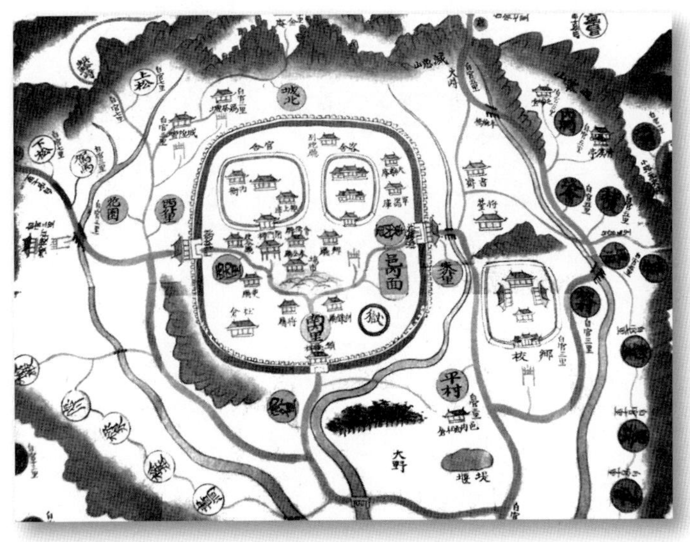

낙안 읍성(1871년 고지도)

모아 정성을 다한다는 의미가 담겨 있다. 또한 광주와 낙안의 경우에서 보이듯이, 전라도 지역에서 읍성 남문 이름을 진남(鎭南)이라고 한 곳이 많은데, 이는 남쪽을 진압하자는, 즉 왜구를 물리치자는 뜻이 담겨 있다. 그만큼 왜구 침입으로 인한 고통이 심했음을 알 수 있다. 당연히 이들 문 앞에는 수문장이 위용을 뽐내며 지키고 있었다.

이어, 읍성이 있건 없건 간에 관공서를 건설하기 시작하였다. 관공서 가운데 가장 상징적인 건물이 객사이다. 객사는 임금을 상징하는 전패를 모시는 곳이면서, 출장 관리들의 숙소로 이용되기도 하여 고을 안에서 매우 중요한 건물이다. 그렇기 때문에 전패를 훼손하는 일이 발생하면 수령이 문책을 당하기도 하였다. 이 역시 고을 별호를 따서 이름을 붙였는데, 나주 객사는 금성이라는 나주 별호를 따서 금성관이라고 하여 지금까지 전해 온다. 그 다음으로는 수령이 근무하는 동헌과 관사에 해당되는 내아가 건립되었는데, 동헌의 이름을 보면 근검절약하고 백성들과 가까이 하라는 의미가 담긴 글귀가 들어 있으니 수령이 해야 할 일이 무엇인지를 담고 있다. 이 외에 지방양반이 수령을 보좌하기 위해 근무하는 향청(향사당), 향리들이 행정 실무를 보는 작청(이청), 치안을 담당하는 군관들이 근무하는 군관청, 잡일을 맡는 관노들이 근무하는 관노청, 기타 감옥이나 군기고 등도 있었다.

다음, 국가와 고을의 무사안녕을 비는 제단을 두었다. 제단으로는 땅을 다스리는 사신과 곡식을 다스리는 직신에게 지내는 제사인 사직제를 올리는 사직단이 있었다. 광주의 사직 공원은 옛날에 사직단이 있었던 곳이어서 명명된 것이다. 그리고 고을의 무사안녕을 지키는 성황신에게 지내는 제사인 성황제를 올리는 성황단이 있었는데, 성황제는 오늘날의 지역 축제와 같은 것이었다. 또한 잡귀를 내쫓는 여제를 올리는 여단이 있었는데, 귀신이 북쪽에 있다고 하여 여단은 보통 고을 북쪽에 건립되었다. 그리고 또한 공자를 포함하여 중국과 한국의 대학자에게 제사를 올리는 석존제를 거행하는 문묘가 있었다. 이들 1묘 3단 가운데, 1묘는 향교 안에 있지만, 3단은 관아 외곽에 있었다.

또 다음, 관공서와 함께 중요한 것이 학교이다. 학교라고 하면 1읍 1교 원칙에 따라 세워지는 향교가 대표적이다. 일반적으로 향교는 고려 전기에 건립되기 시작하여 성리학이 들어온 고려 말기나 조선 전기가 되면 거의 모든 고을에 들어서 대부분 오늘날까지 남아있다. 개화기 때에 소학교를 개교하면서 향교나 객사·동헌 건물을 사용하였으니, 전통의 유구함을 느낄 수 있다.

이 외에 관공서는 아니지만, 관문에서 5리 떨어진 지점에 5리정이란 정자를 두어 수령이 손님을 맞이하거나 보낼 때에 나가는 곳으로 이용하였다. 광주는 그것을 지금의 광주제일고등학교 정문 부근에 절양루라는 이름으로 두었다. 절양루는 임진왜란과 병자호란 때에 광주 양반들이 의병을 일으켜 출정식을 가졌던 곳으로 유명하다.

■ 참고문헌

전라남도, 『전라남도지』, 1993.
광주민속박물관, 『광주읍성』, 1997.

조선시대에 양반으로 산다는 것은 쉬운 일이 아니었다. 족보를 만들어 문중의 결속과 권위를 다져야 하고, 마을 공동체가 잘 유지될 수 있도록 해야 하였고, 양반임을 증명하는 명부에 이름을 올려야 하였기 때문이다. 그렇지만 이도 신흥 양반이 증가하면서 더더욱 어려운 일이 되었을 뿐더러, 때론 그들과 갈등을 겪기도 하였는

양반으로 산다는 것은

조선시대 지배 계층은 양반이라고 불리는 신분 집단이다. 대부분의 양반들은 관직에 나가기 전이나 관직에서 물러난 뒤 고향이 있는 지방에 거주하고 있었다. 이들 지방 양반은 지역 사회의 지배층으로 행세하면서 중앙 관료로 진출할 수 있는 길을 준비하고 있었다. 그들은 자신의 신분을 유지하기 위하여 여러 가지 노력을 할 수밖에 없었다.

양반 신분을 유지하고 그것을 상징하는 것 가운데 가장 기본적인 것이 족보이다. 족보는 성과 본관에 의해 귀천을 판정하는 신분 사회를 유지하는 데에 필요한 혈통과 가계의 지위를 증빙하는 자료이다. 그러기 때문에 족보에는 기본적인 신분 관계는 물론이고, 혼인이나 상속 등에 관한 내용도 수록되어 있다. 단순히 누구는 누구의 아들이라는 차원을 넘어, 옛 사람들 삶의 모습을 잘 반영하고 있는

것 가운데 하나가 족보인 것이다.

현재 남아있는 족보로는 안동권씨성화보(1476년)와 문화유씨보(1565년)가 가장 오래 되었다. 이들 족보에는 내손과 외손이 함께 기록되었고, 외손도 제사를 지낼 수 있으며 자식 간에 돌아가면서 제사를 지내기도 하였다. 고려 시대의 전통이 계속 남아있었으니, 조선 초기의 족보는 종법이 정착되기 이전의 모습을 잘 보여주고 있는 셈이다.

대개 16세기에 족보의 편찬이 널리 퍼지기 시작하였다. 비록 적장자에 의한 가계 계승이 완전히 확립된 것은 아니지만, 당시 사회의 전반적인 분위기는 적장자 중심으로 흘러가고 있었다. 외손이나 이성보다는 동성 양자를 입양하여 가계를 계승하도록 하는 경우가 확대되어 나갔다. 이러한 분위기를 반영하여 이 당시 족보도 부계를 중심으로 하는 가계 계승을 중요하게 여기었다.

그런데 17세기부터 족보 편찬이 더욱 확대되어 나갔다. 그것은 양란을 겪으면서 양반 신분을 증명하거나 유지하는 각종 장치가 파괴되었기 때문이다. 가령, 향청·향안의 소실과 전답·노비의 축소가 그것이다. 이에 양반들은 자신들의 신분을 유지하기 위하여 여러 가지 노력을 하는데, 그 가운데 하나가 족보 편찬을 통한 자신의 성씨에 대한 사회적 지위 확보로 나타났다. 덩달아 평민들도 새로이 족보를 편찬하여 양반 행세의 도구로 삼기 시작하였다. 이러한 가운데 종법이 정착하면서 적장자 중심으로 가계가 유지되고 재산 상속도 적장자 단독 상속으로 변화되어 나갔는데, 그런 모습이 이 시기 족보에 고스란히 담겨 있다.

이에 양반들은 종법 질서를 정착시켜 가면서, 그와 함께 동족 간의 유대를 공고히 할 수 있도록 문중계를 조직하였다. 그에 따라 종족(대문중)이나 그 분파인 가계(소문중)의 결속을 위해 대종계나 소종계가 결성되었고, 그를 토대로 문중 회의가 열리고 조상에 대한 제사를 모시었다. 이러한 일을 하는 데에는 적지 않은 자금이 소요되었는데, 바로 그러한 자금을 조달하기 위해 위토(位土)라고 하는 전답을 마련하거나 기금을 만들어 이자 놀이를 하기도 하였다. 이런 일은 유명한 조상이 없는 평범한 가문에서도 일어났다.

방촌의 위씨 문중에서 자제들을 교육시켰던 장천재(전남 장흥)

그리고 양반들은 동족 자제들만의 소양 교육이나 과거 준비를 위해 문중 서당을 짓기도 하였다. 보성의 안씨가에서 세운 목미암, 장흥의 위씨가에서 세운 장천재 등이 그것이다. 이들 서당에서는 문중 내 유력인사를 선발하거나 외부 유능인사를 초빙하여 문중 자제들을 교육시키었다. '유능한 인재'를 양성하는 것이 곧 자신들 문중의 위세를 높이는 길이었기 때문에 그러하였을 것이다.

또 제사나 문중 회의를 위한 공간이 필요하여 사우, 재각, 누정 등을 건립하기도 하였다. 특히 문중의 결속을 다지고 대외에 위세를 과시하는 데에 있어서 중요한 것이 사우였다. 사우란 교육까지 겸하는 서원과는 달리, 오직 자신 문중의 조상 가운데 뛰어난 인물을 제사지내기 위하여 설립한 것인데, 그러한 사우를 각 문중에서는 경쟁적으로 건립하였다. 광주의 경우 19세기 후반에 20여개가 있을 정도로 남발되었다. 그로 인해 사회적 문제가 적지 않게 야기되어 결국 대원군 때에 철폐령이 내려지게 되었다.

특정 성씨만 사는 마을

양반들의 거주지 이동을 살펴보면, 처가나 외가의 고향으로 이주하는 경향이 빈번하였다. 그리하여 한 마을에 사위나 외손들이 함께 거주하는, 그래서 여러 성이 아울러 거주하는 형태였다. 하지만 16~17세기에 종법 질서가 정착되면서 촌락 사회의 구성에도 변화가 찾아왔다. 동족 마을의 등장이 그것인데, 동족 마을이란 하나의 지배적인 동성동본 집단이 한 마을의 주도권을 쥐고 대대로 거주하는 마을이다. 따라서 특정 가문의 존립 그 자체를 대변하는 장치로써, 양반들은 이 동족 마을을 활용하였던 것이다.

동족 마을이 일반화된 시기는 18세기 이후라고 알려져 있다. 향약이나 향안을 통하여 고을 전체에 영향력을 행사하던 양반들이 신흥계층의 등장으로 그것이 어려워지자, '고을 전체 지배'를 포기하고 거주 마을을 중심으로 한 지배체제 구축에 주력하게 되면서 그러하였다. 신분제의 변화가 동족마을을 일반화하는 데에 큰 영향을 미쳤던 것이다. 일제강점기 때의 조사에 의하면, 마을의 절반 이상이 동족 마을을 형성하고 있었다. 전라도의 경우 광주 임곡 박호리는 제주 양씨가 102호이고 동족 이외의 호가 14호였다. 나주 다시 신풍리는 나주 임씨가 130호이고 동족 이외의 호가 20호였다. 이러한 양상의 동족마을은 특정 성씨에 의해 향촌의 주도권이 얼마만큼 강화되어 나갔는지를 짐작하게 해준다.

이러한 동족 마을의 이해를 대변하고자 하는 조직이 동약이다. 동약은 동계로도 불리었는데, 양반들이 살고 있는 마을을 단위로 하여 그 영향력 아래에 있는 민촌에 대한 지배력을 확보하기 위하여 만들어진 자치 조직이다. 양반들이 마을 단위의 결속력과 지배력을 유지하고 강화하기 위해 그들을 중심으로 조직한 자치 규약이 바로 동약이라는 말이다. 이는 대체로 16세기에 각 지역에서 나타나기 시작하였다. 이때는 마을 구성이 그러하였듯이, 동내의 몇몇 성씨가 참여하였다. 그러기에 동약은 마을을 구성하는 여러 성씨의 공동 목적을 위한 것이었다. 이를 토대로 양반들은 결속력을 다지고 일반 백성을 통제하는 또 다른 힘을 얻게 되었다. 그러나 18세기 이후 이성 마을이 동족 마을로 바뀌면서 동약도 특성 성씨 중심으로 변하게 되었다. 이제 동약이 곧 문중계와 다름없게 되어 문중 세력을 유지하는 또 다른 기반이 되고 말았다.

동약의 규약을 살펴보면, 애경사 때의 상부상조는 물론이고, 양반 가족 간에 예의를 지키며 화목하고자 하는 내용도 있다. 또한 자신들의 경제적 권리를 유지하고 자신들 입장에서 촌락 질서를 유지하고자 하는 내용도 있다. 따라서 유교적 윤리관에 의한 상하 신분 관계를 유지하려는 목적이 깊이 스며 있음을 확인할 수 있다. 그렇다고 일반 백성을 보호하고자 하는 의도가 없었던 것은 아니다. 천재지변을 당하였을 경우 구휼하는 내용이 바로 그것이다. 또한 세금을 공동으로 마련하여 납부하는 도구로도 활용하였다. 흉년과 무거운 세금으로 인한 하층민들의 도산은 곧 자신들의 존립 기반을 무너뜨리는 것이었기에 그러하였던 것이다. 이러한 상부상조와 구휼을 위해 토지와 기금을 마련하여 운영하였다. 그때 특별히 많이 낸 사람에 대해서는 기념비를 세워주기도 하였다.

영보동에서 동약을 실시하고 회의를 하였던 영보정(전남 영암)

지금까지 남아있는 광주·전남 지역의 동약은 상당수에 이른다. 15세기말쯤에 만들어진 것으로 보이는 광주의 양과동 동약이 있다. 영암 지역에는 1565년에 만들어진 구림 동계를 비롯해, 영보 동계 등 17세기에 만들어진 다수의 동약이 남아있다. 이밖에 장흥 방촌 동약을 비롯해 해남, 순천, 보성 등지에도 동약이 남아있다. 이들 마을에서는 양과정, 영보정 등의 누정을 세워 회의 장소로 활용하였고, 회의 때마다 작성한 문서를 지금까지 소중하게 보관해오고 있다.

향안에 이름을 올라야 진짜 양반

하나의 마을보다 더 넓은 고을 단위에서 양반들이 지배권을 확립하고자 한 노력은 향약과 향안에서 드러난다. 향약은 원래 중국 송나라의 여씨향약으로부터 기원을 찾을 수 있는데, 고려말 성리학의 전래와 함께 소개되었다. 우리나라에서는 광주에서 1451년(문종 원년)에 김문발, 이선제 등에 의해 선구적으로 시행되었다. 그 후 16세기 사림파에 의해 전국에 보급되었다.

향안은 고을 양반 명부인데, 조선에 들어서 태조 이성계가 함흥에 향헌을 제정하고 실시하게 함으로써 비로소 실시되기에 이르렀다. 16세기에 광주와 장성에서 선구적으로 작성되었으니, 전라도 지역에서 양반 지배 체제가 일찍 구축되었음을 알 수 있다. 지방 양반들이 향안을 통하여 자신들의 결속력을 얼마만큼 강조하였는지는 향안 입록의 어려움을 통하여 알 수 있다. 담양 출신이었던 송순은 장관급인 이조 참의(정3품) 자리에 있었지만, 담양 향안에 들어갈 수 없었다. 그의 외가가 남원인데, 외가 쪽에 뚜렷한 인물이 없어 담양의 양반들이 송순의 향안 입록에 반대하여서였다. 비록 나중에 향안에 입적이 되지만, 고위직에 있었던 송순마저 향안에 오르지 못하였던 것이다. 향안에 오르기 위해서는 자신의 가계, 처의 가계, 외가의 가계, 즉 3향에 하자가 없어야 하였다. 향안이 향촌사회 내 양반들의 독점물이었음을 반영하여주는 대표적인 예이다.

향안은 임진왜란 중에 상당수가 불타버렸다. 17세기 이후 향안을 복구하는 과정에서 향안에 변화가 일어났다. 그동안 배제되었던 양반들이 향안에 새로이 참여하게 됨으로써 종래의 향안 참여 양반과 갈등이 빚어졌다. 그 결과 종래 3향을 따져 향안에 입적하도록 한 것을 1향이나 2향만을 따져 입적할 수 있도록 완화하는 조치가 취해졌다. 담양의 경우 향안이 타버려 다시 작성하는 데 처음에는 9개 성씨로 하였다가 나중에는 18개 성, 그 후에는 36개 성으로 확대하였다. 비록 자격이 완화되어 인원수가 증가하였지만, 향안은 여전히 지방 양반들의 전유물이었다. 그렇지만 점차 그 성격이 변하게 되었다. 향촌에서 공동으로 이해관계를 추구하던 양반들이 문중·가문 중심으로 이해를 추구하게 되고, 사회경제적 변화에 따라 새로운 계층이 양반으로 상승하면서 향촌의 공동 이익 추구라는 양반들의 이해가 향안을 통해서 이루어지지 못했던 것이다. 거기에다 붕당정치의 심화로 말미암아 정쟁에 휘말려들어 지방양반들의 이해도 서로 나누어지게 되었다.

무엇보다도 향안이 변질된 것은 신흥 세력의 등장으로 인한 지역 내 지배층의 갈등이 원인이었다. 신분제의 변화 속에서 평민 가운데 양반으로 신분 상승한 계층, 공로로 품계를 얻은 사람, 납속책에 따라 양반이 된 사람, 그리고 양반 신분을 사칭한 사람들이 많아졌다. 양반의 조건을 갖추었다고, 곧 바로 지역 사회에서 양반으로서의 권위를 인정받는 것은 아니었다. 하지만 그들은 호적에 자신의 직역(職役)을 유학, 유생, 학생 등으로 기재하여 군역 회피의 근거로 이용하였다. 더 나아가 명실상부한 양반으로 행세하기 위해 향안에 이름을 올리려 하였다. 그것을 전통양반들이 쉽게 허락할 리가 없었다. 당연히 들어오려는 측과 막으려는 측 사이에 향안 입록을 둘러싸고 갈등이 발생하지 않을 수 없었으니, 그 갈등을 향전(鄕戰)이라고 한다. 향전을 거듭한 기존의 양반들은 아예 향안을 파기하기에 이르렀다.

신향들은 향안뿐만 아니라 향청, 향교, 서원 등도 넘보고 있었다.

이들 기구는 양반들이 중심이 되어 구성한 것으로 양반의 향촌 내 지위를 유지하는데 도움이 되는 역할을 하였다. 양반들은 실제로 이러한 기구를 통하여 사회적 지위를 유지하고 강화하는 방편을 만들어 나갔던 것이다. 그런데 이러한 기구 내에 차츰 신향이라고 불리는 사람들이 편입되기에 이른다. 이것은 당연히 갈등으로 이어질 수 있는 여지를 남기게 되었다. 이제 향전이 그칠 날이 없게 되었던 것이다.

■ 참고문헌

이해준, 「조선후기 영암지방 동계의 성립배경과 성격」, 『전남사학』 2, 1988.

전형택, 「17세기 담양의 향회와 향소」, 『한국사연구』 64, 1989.

박익환, 「15세기 광주향약의 향규약적 성격」, 『용암차문섭화갑기념논총』, 신
　　　서원, 1989.

이종일, 「광주 양과동 동계자료 해제」, 『광주양과동향약』, 광주민속박물관,
　　　1996.

16세기에 하나의 세력을 형성한 호남 사림은 누정을 건립하여 활동 공간으로 삼았을 뿐더러, 성리학을 연구하여 그 이해를 심화시켰다. 전체 사림이 동인과 서인으로 분당된 이후에는 호남 사림 역시 양당으로 나뉘었지만, 각 당에서 핵심 인물로 활약하였다. 하지만 정여립 사건 때에 동인·서인 가릴 것 없이 대거 희생되는 아픔을 겪었다.

호남 사림의 성장

조선은 양반 중심 사회이다. 그런데 조선 건국과 세조 왕위 찬탈에 저항하여 지방으로 낙향한 양반들이 많았다. 그들은 정권에 참여하는 것이 대의에 어긋난 것으로 보고 은둔하며 학문 연구와 후진 양성에 힘썼다. 하지만 그들도 15세기 후반 성종 때부터 사림파(士林派)라는 이름으로 중앙에 진출하기 시작하였다. 성종은 훈구파를 견제하는 데 사림파의 성리학적 명분론을 활용하고자 이들을 주로 언관직에 등용하였다. 사림파는 언론을 통해 훈구파를 신랄하게 비판하며 힘을 결집시켜 나갔다. 그러나 훈구파는 거세게 반발하며 연산군 때에 두 번의 사화를 일으켜 사림파에게 많은 피해를 입혔다.

사림파의 활동 재개는 중종의 조광조 중용을 계기로 이루어졌다.

조광조는 정치에 있어서 도학의 실천을 강조하였다. 그렇게 하는 것이 이상 세계를 실현하는 길이라고 믿었다. 국왕의 두터운 신임과 사림들의 전폭적인 지원에 힘입어 현량과를 실시하여 신진 사림을 정계에 발탁하였다. 그러나 위기감을 느낀 중종과 훈구파는 1519년(중종 14)에 기묘사화(己卯士禍)를 일으켜 조광조를 숙청하고, 수많은 신진 사림을 파직·유배·사형시켰다. 그렇지만 이후 조광조 생각은 후학들에게 계승되었고, 기묘사화로 화를 당한 사람을 기묘명현(己卯名賢)이라고 일컬으며 추앙하기 시작하였다.

당시 조광조는 능성(뒤에 능주로 개칭)으로 유배왔다가, 바로 사약을 받고 죽었다. 능성 사람들은 죽수서원을 건립하여 그를 기렸다. 호남 사림도 기묘사화에 이르러서 그 세력이 뚜렷해졌다. 오늘날 전라도 사람들은 자신의 유명 조상을 들라면 대부분 16세기에 사림으로 활약했던 인물을 거론하는데, 그들 대다수는 기묘사화와 직간접으로 연관되어 있다. 대표적인 호남 사림을 알아보자.

박상은 광주 출신으로 담양 부사 재직 중에 중종

조광조 적려 유허비(전남 화순)

비 신씨를 복위시켜야 한다는 상소를 올려서 정계에 파문을 일으킨

바 있다. 일찍이 그의 부친 박지흥도 세조의 왕위 찬탈에 불만을 품고 처가인 광주로 낙향한 인물이다. 박상은 형 박정에게 학문적인 영향을 많이 받았는데, 그는 김종직과 교류하던 사이였다. 따라서 박상의 학문적 맥은 정몽주-김종직으로 이어지는 것이었다. 박상의 문하에서는 송순, 임억령 등이 배출되었다. 그 결과 박상의 문인들은 호남 사림의 한 맥을 형성하게 되었다.

최산두는 광양 출신으로 순천으로 유배 온 김굉필 문하에서 학문을 배웠다. 문과에 급제하여 관직을 역임하다가 기묘사화에 연루되어 동복에서 유배 생활을 하였다. 현재는 수몰된 명승지 적벽을 세상에 알린 사람으로 유명하다. 그의 문하에서 김인후, 유희춘이 수학하였다. 김종직과 김굉필로 이어지는 도학의 맥이 최산두에게 이어져 호남 사림의 또 다른 맥이 형성되었다.

기묘사화에 연루되지는 않았지만 호남 사림의 형성에 중요한 역할을 한 사람으로 송흠이 있다. 그는 연산군 학정에 반발하여 관직을 버리고 영광에서 후진을 양성하였는데, 양팽손, 송순 등이 배출되었다. 양팽손은 능성 출신으로 기묘명현이다. 이외에 기대승의 아버지 기진이 광주로 낙향한 것도 기묘사화 때문이었다. 고경명의 할아버지 고운 또한 기묘사화 때 파직된 적이 있다. 이와 같이 호남 사림은 기묘사화를 계기로 해서 본격적으로 형성되었다. 이제 본격적인 활동을 하며 역사 전면에 등장하게 된다.

누정 건립과 성리학 연구

호남 사림은 활동 공간으로 경치 좋은 곳곳에 누정을 지었다. 광주와 담양에 많았는데, 풍영정(김언거), 환벽당(김윤제), 면앙정(송순), 송강정(정철) 등이 그것이다. 양산보는 15세에 조광조 문하에 들어갔다가 이듬해에 기묘사화로 스승이 화를 입자, 고향 창평에 내려와 소쇄원을 조성하고 처사로 일생을 보냈는데, 소쇄원은 호남 사림의 대표적인 회합 장소였다. 그리고 호남 사림 가운데는 가사를 지어 국문학사에 큰 발자취를 남기기도 하였는데, 송순의 면앙정가, 정철의 성산별곡이 그것이다.

또한 호남 사림은 성리학 연구에도 박차를 가한다. 조선 사회가 통치 이념으로 받아들인 학문은 고려 말기에 수용한 성리학이다. 성리학은 인간의 심성을 연구하는 유학의 한 유파이다. 성리학을 깊게 연구하여 사회적 이념으로 널리 보급한 사람들은 16세기 사림파 학자였다. 그런 인물로 유명한 사람이 이황과 이이이다.

광주·전남 지역에서 성리학 보급에 크게 기여한 인물로는 박상, 최산두 등이 있다. 그리고 그 후속 세대인 김인후, 기대승, 유희춘 등도 있는데, 이들은 성리학의 발달에 많은 기여를 하였다. 한 사람씩 살펴보자.

장성 출신인 김인후는 세자의 사부였으나, 을사사화가 일어나자 낙향하여 훈몽재라는 서재를 지어 후학을 양성하고 학문을 연마하는 데 전념하였다. 문하에서 양자징, 기효간, 변성온, 정철 등을 배출하였고, 태극음양설(太極陰陽說)에 대한 수준 높은 학설을 제시하였다. 나중에 문묘에 배향되어 호남을 대표하는 학자로 평가받았다.

광주 출신인 기대승은 이황과 12년간 서신을 주고받으며 기나긴 학술 논쟁을 벌였다. 그를 바탕으로 이황은 자신의 논리를 수정하고 발전시켰으며, 기대승의 높은 학문 수준을 존경하여 연하인데도 동료로 대하였다. 특히 '사단칠정(四端七情)'에 대한 논쟁은 한국 유학사에 큰 영향을 끼친 것으로 평가된다. 또한 기대승의 높은 학식은

양산보가 건립한 소쇄원(전남 담양)

명종과 선조 두 임금의 경연 교재로 사용되었다. 제자로는 고경명, 최경회 등이 있다.

해남 출신인데 만년에 담양으로 옮겨온 유희춘은 을사사화로 함경도에서 16년간 유배 생활을 하였다. 유배에서 풀린 후 복직되어 해박한 지식을 토대로 경연관으로 활약하였고, 많은 성리학 연구서를 남겼으나 대부분 유실되어 아쉽다. 특히 10년간 쓴 『미암일기』(보물 제260호)는 당시의 역사문화를 연구하는 데에 귀중한 자료로 이용되고 있다.

이들은 광주·전남 지역에 학문적으로 지대한 영향을 미쳤다. 지역 출신 학자층을 두텁게 하였고, 성리학의 주요 논점에 접근할 수 있었으며, 다른 지역의 학자와 수준을 같이 할 수 있는 기틀을 마련하였기 때문이다. 이들의 영향을 받아 광주·전남 지역의 사림들은 성리학의 이해 수준을 한층 높일 수 있었다. 그리하여 후배 사림들은 향촌과 가정 및 개인이 실천해야 할 사회적 규범을 성리학을 통해서 마련하였다. 또한 임진왜란 등 외적의 침입에 대항한 의병 활동도 그러한 사림의 이념에서 비롯되었다. 이제 성리학이야말로 조선 시대 사람들의 이념적 지침이자 삶의 철학이었던 것이다.

정여립 사건으로 목숨 잃다

사림파는 비교적 단일한 학문적 성격을 유지하였다. 그러나 성리학에 대한 이해가 심화되면서, 학문적 성향에 따라 학파가 형성되어 나갔다. 학파의 갈등은 이조 전랑이라는 자리를 차지하기 위한 정치적 대립으로 이어졌다. 그리하여 사림파는 1575년(선조 8)에 이황 학맥, 경상도 지역, 신진을 중심으로 한 동인(東人), 그리고 이이 학맥, 기호 지역, 선배를 중심으로 한 서인(西人)으로 분당되고 말았다.

이때 호남 사림은 다른 지역과는 달리 양쪽으로 팽팽하게 나뉘어 있었는데, 동인은 나주와 화순에, 서인은 광주와 창평에 많았다. 비록 나뉘어 있었지만, 중앙 정계에서 매우 활발한 활동을 펴고 있었다. 동인의 핵심이던 유희춘과 이발, 서인의 핵심이던 박순과 정철이 있었다.

양당은 분당 이후 사사건건 대립하다가, 정여립 사건을 겪게 되었다. 정여립 사건은 기축옥사라고도 하는데, 1589년(선조 22) 10월에 황해도 관찰사 한준과 재령 군수 박충간 등이 정여립이 역모를 꾀하였다고 고발하면서 시작되었다. 정여립은 전주 출신으로서 서인인 이이의 추천에 힘입어 관직에 나갔지만, 그가 죽은 후 동인에 합류한 인물이다. 그리하여 그는 스승을 배반했다는 공격에 시달리다 고향에 내려와 있었다. 당시 그에게 씌워진 혐의는 전주, 금구, 태인 등지의 무사에서 천인에 이르는 사람들을 모아 대동계(大同契)를 조직하여 군사 훈련을 시키고, 기축년 말에 서울로 쳐들어갈 계획을 세우고 그 책임부서까지 정하여 놓았다는 것이다.

동인의 공격으로 관직에서 물러나 전라도에 있다가 경기도 고양에 가있던 서인의 정철이 즉각 입궐하여 수사 본부장을 맡았다. 그 직후 있었던 양천회·양천경의 상소를 신호탄으로 사건의 파장은 일파만파로 확대되어 나갔다. 창평 출신인 양천회와 양천경은 형제간으로서 정철과 같은 당색이고 매우 가까운 인물이다. 양씨 형제는 정철과 지근거리에서 살았고, 아버지 양자징(소쇄원을 지은 양산보의 아들)이 정철과 함께 김인후 문하에서 수학하였고, 정철의 아들 정홍명과 함께 창평 학구당 건립에 앞장섰다. 두 형제는 상소에서 이

정개청을 배향하는 자선서원(전남 함평)

발, 김우옹, 정언신, 최영경 등 동인의 지도자급 인물들이 정여립과 친교가 있기 때문에 수사를 엄격하게 해야 한다고 주장하였다. 끝

내 이들은 희생되고 말았다.

정암수를 비롯한 50여 인의 서인계 유생들이 광주 향교에서 작성하여 올린 상소로 옥사는 걷잡을 수 없게 확대되었다. 그들은 조정 대신은 물론이고 나주의 나사침과 나덕명·나덕준 부자, 화순의 조대중, 남평의 이발·이길 형제 등 호남 지역의 동인들까지 반역당으로 지목하였다. 이들은 과거 급제자에다 관직에 진출한 엘리트인데, 결국엔 대부분 목숨을 부지하지 못하였다. 특히 정개청에 대해서는 정여립과 더불어 오랫동안 교유하였고, 「배절의(排節義)」를 지어서 스승까지 배반한 죄인이라고 극언하였다. 정개청은 나주 출신으로서 예학과 성리학에 뛰어나서 호남의 명사로 불리던 인물이다. 그래서 호남 사림에서 정개청 세력은 대단하였다. 바로 이 정개청을 존중하였다는 이유로 구속된 자가 50여인, 귀양자가 20여인, 금고자가 400여인이나 되었다.

이 사건은 3년 남짓 진행되어 피해자만 1천여 명에 이르렀다고 할 만큼 조선 정국에 엄청난 파장을 남겼다. 우선 동인 인사들이 큰 피해를 입어 동인은 정치적인 위기를 맞았다. 반면에 열세에 처해 있던 서인은 세력을 만회하는 계기로 삼고자 옥사를 확대하였는데, 이 점은 서인 측에서 "정여립이 호남에서 군사를 일으키자 영남에서 일어나는 자도 있고 서울에서 일어나는 자도 있습니다"고 말하며 정여립과 경상도·서울 동인을 연결시키려고만 한데서 알 수 있다. 전라도에서 꾸민 역모가 황해도에서 신고 되었다는 사실 자체만으로도 사건은 처음부터 이상하였다. 의도대로 서인은 정국을 주도할 수 있게 되었지만, 정철이 호남 유생들을 꼬드겨 평소 미워하던 사람들을 몰아냈다고 하여 되래 희생을 당하고 다시 권력을 동인에 넘겨주고 말았다. 그런데 이 공방전의 파장이 광주·전남 지역에 고스란히 미쳐 동인·서인 가릴 것 없이 지역 엘리트들을 대거 희생시켰다. 그리고 치유하기 어려운 상처와 갈등을 안겨 그 찌꺼기가 지금까지 남아있다.

■ 참고문헌
김동수, 「16-17세기 호남사림의 존재형태에 대한 일고찰」, 『역사학연구』 7, 1977.
고영진, 『호남사림의 학맥과 사상』, 혜안, 2007.
김덕진, 『소쇄원 사람들』, 다할미디어, 2007.
광주교대 역사문화교육연구소, 『기축옥사 재조명』, 선인, 2010.

　왜군은 임진왜란을 일으켜 순식간에 서울을 거쳐 평양까지 진격하였고, 살상과 납치 및 약탈과 방화를 자행하며 전국을 초토화시켰다. 이에 호남 사람들은 의병을 일으켰는데, 특히 왜군이 머물고 있는 경상도 지역에 출전하여 많은 희생을 겪었다. 전쟁이 끝나고서 그러한 역사를 남기고자 『호남절의록』을 편찬하였다.

참혹한 전쟁 피해

　도요토미 히데요시는 백여 년에 걸친 내전을 정리하고서 조선 침략을 준비하였다. 건국 이래 평화를 유지하던 조선 정부는 대비를 소홀히 하였고, 관리들은 당파 간의 정쟁만 일삼은 채 별다른 대책을 내놓지 못하였다. 그러던 1592년(선조 25) 4월, 왜군은 대규모 군대를 거느리고 부산에 도착하여 조선을 침략하는 임진왜란을 일으켰다. 육로를 따라 경상도 전역을 휩쓸고, 조령을 넘어 충주까지 점령하였다. 서울로 곧장 달린 왜군에 의해 조선은 개전 20여 일 만에 서울을 빼앗기고 말았고, 국왕은 서울을 뒤로 한 채 평안도 의주로 도망가고 있었다. 그러나 수군 승전, 의병 활약, 그리고 명군 파병으로 전세는 곧 소강상태에 들어가고, 명군과 왜군 사이에 강화 협상이 지루하게 진행되었다. 하지만 이도 결렬되고 왜군은 1597년에 재차 침입하였다.

이때 전라도는 상상을 초월한 피해를 입고 초토화되었다. 당시 왜군의 침략 목표가 전라도 점령에 있었기 때문이다. 원균이 거느린 수군이 격파 당하고 전라도 진입로인 남원성이 함락된 뒤로, 왜군이 전라도에 물밀 듯 밀려들었다. 왜군의 50여 부대가 바둑판처럼 주둔하여, 전라도 전역이 왜군의 수중에 들게 되었다. 진원현의 경우 독자 생존할 수 없을 정도로 피해를 입어 장성군에 통합되고 말았는데, 당시 전국에서 유일하게 사라진 고을이다.

그들은 우선 닥치는 대로 사람을 베어 죽였다. 어린 아이가 보는 앞에서 부모를 죽임으로써 서로 울부짖는 모습들, 산더미처럼 쌓인 시체 등 도저히 눈을 뜨고 볼 수 없는 참상이 도처에서 펼쳐졌다. 그리고 약탈을 일삼았다. 후쿠야마 안국사에는 종군 승려 혜경이 담양에서 가지고 온 불화가 소장되어 있다. 또한 가는 곳마다 불을 질러 전라도 땅을 온통 화염에 휩싸이게 하였다. 소쇄원이 이때 불에 탔고, 광주 향교나 도내 많은 사찰도 그러하였다.

왜군의 만행은 여기서 그치지 않았다. 닥치는 대로 코를 베어갔다. 참전 장수들의 전공을 평가하는 근거로 삼고자 함이었다. 이를 본국에 바칠 때는 소금에 절여 통에 담아갔다고 한다. 진원에서 취한 코의 수가 870개, 영광 등지에서 취한 것이 10,040개, 금구와 김제에서 취한 것이 3,369개였다고 하니 그 만행이 주로 전라도에서 집중된 것임을 알 수 있다. 교토에 남아있는 이총(耳塚)은, 10여 만 명이 넘는 조선인 희생자의 원혼이 서린 역사의 아픔을 지금껏 증언하고 있다. 나주 출신 임환이 남긴 "코 없는 사람 뉘 집 자식인지 / 얼굴 가리고 앉아 거친 산모퉁이에서 우네"로 시작하는 「코 없는 사람」이라는 시도 마찬가지 생각을 하게 한다.

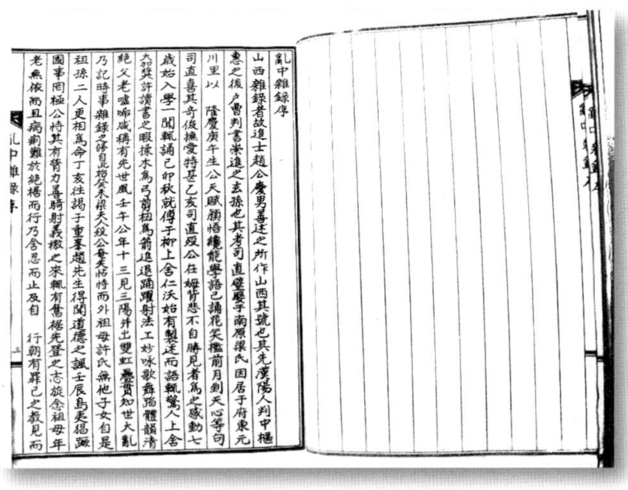

亂中雜錄序

山西雜錄者故進士趙公慶男善述之所作山西其號也其先漢陽人判中樞
惠之後　戶曹判書崇進之玄孫也其考司直壁慶于南原渠氏因居于府東元
川里以　隆慶庚午生公天賦顏悟穎能學語已誦花笑檻前月到天心等句
司直喜其奇俊撫愛特甚乙亥司直歿公往姆背悲不自勝見者為之感動七
歲始入學一聞輒誦己卯秋就傅于柳上舍仁沃始有製述而語輒驚人上舍
六大奇獎許讀書之暇操木為弓剪楛為箭追退踊躍射法工妙咏歌舞蹈體韻清
絕父老嗟唶咸稱有先世風壬午公年十三見三陽并出雙虹疊貫知世大亂
乃記時事雜錄之修見昆獨癸未梁夫人歿公重夫帖恃而外祖母許氏無他子女自是
祖孫二人更相為命丁亥往謁于重峯趙先生得聞道德之諷壬辰島夷猖蹶
國事罔極公恃其有膂力善騎射義橄之來輒有舊裾先登之志旋念祖母年
老無依而且病痢難於絕裾而行乃舍忍而止及自　行朝有羣己之教見而

임진왜란의 참상을 기록한 난중잡록

　또한 왜군은 많은 사람들을 납치해갔다. 영광 출신 강항은 일가족을 거느리고 법성포 앞바다로 탈출하여 이순신 진영에 합류하려다 왜군에게 붙들리고 말았다. 왜군 배 안으로 끌려들어가자 우리나라 남녀들이 서로 뒤섞여 울며불며 아우성치는 소리가 산을 울리고 바다를 뒤흔들었다. 오사카로 끌려갔는데, 그곳에는 붙들려 온 수가 천명은 훨씬 넘었고 무리를 지어 길거리를 휘젓고 다니면서 울며불며 소리치고 있었다. 몰래 도망가려다 들켜 그만 비참하게 목숨을 잃은 이도 있었다. 3년간 머물다 높은 학식 덕택에 일본의 호의로 돌아와 그간 생활을 『간양록』이라는 책에 기록했다. 나주 출신의 노인도 남원에서 포로가 되어 일본까지 끌려갔다가, 중국인 몇몇과 배편으로 탈출하여 중국을 거쳐 돌아와 『금계일기』를 남겼다. 이 외에 소쇄원의 엄마, 두 아들, 딸 등 4인 가족 또한 함께 납치되어 20년간 생활하다 통신사를 만나 돌아왔다. 돌아오지 못한 사람들은 그곳에서 정착하거나 노예로 세계 곳곳으로 팔려나갔다.

호남 의병, 경상도를 막다

관군의 패전으로 서울이 함락되고 임금이 파천했다는 소식을 접한 호남의 사람들은 국토 수복의 깃발을 내세우며 스스로 의병을 조직하였다. 호남 의병의 대표적 사례는 광주의 고경명과 나주의 김천일이다.

고경명은 6천여 명에 이르는 대규모 의병을 담양에서 모았다. 이는 남원의 양대박과 옥과의 유팽로의 합세에 힘입은 것이었다. 유팽로는 현재 전국에서 가장 먼저 의병을 일으킨 인물로 보인다. 고경명은 격문을 각지에 보내 동참을 호소하면서 북상하였다. 진군 도중 여러 고을의 수령과 백성들로부터 열렬한 호응과 지원을 받았다. 왜군이 금산을 거쳐 전주에 침입하려 한다는 첩보를 들었다. 함경도까지 유린한 왜군은 군량 확보를 위해 곡창 지대인 전라도에 대한 공략을 서두르고 있었다. 고경명은 "전주는 호남의 근본이기 때문에 금산의 왜적을 먼저 격멸하자"고 하였다. 관군과 금산을 협공하였으나, 왜군의 집중 공격으로 패퇴하고 말았다. 비록 패전이었지만, 금산 전투는 왜군의 전주 공격을 단념하게 하였다. 이 전투에서 고경명과 그의 차남 고인후, 부장 안영과 유팽로 등이 순국하였다.

김천일은 나주에서 3백여 의병을 모아 북상하였는데, 진군 과정에서 7백여 명으로 증강되었다. 수원을 거점으로 활동하다 강화도로 옮겨갔다. 조정의 재촉에 다시 뭍으로 나와 단독 작전 또는 관군과의 연합 작전으로 한강 연안에서 왜적을 소탕하였다. 관군과 명군의 공세로 왜군이 남해안으로 후퇴하자, 김천일 의병군도 그 뒤를 쫓아 남하하였다.

고경명과 김천일 이후 호남 의병을 계승한 인물로 전라우도 의병

임란 의병장 고경명을 모시는 포충사(광주 남구)

을 이끈 화순의 최경회, 전라좌도 의병을 이끈 보성의 임계영 등이 있었다. 남원을 거점으로 활동하던 전라 좌·우 의병군은, 영남 의병장 김면과 경상우도 관찰사 김성일의 원조 요청을 받았다. 호남을 버리고 멀리 경상우도를 응원하는 데 대한 반론이 거세었지만, 최경회는 "영남도 우리 국토다. 의병이 어찌 멀고 가까운 것을 따져 구원하지 않을 수 있겠는가"라고 설득하여 경상도로 넘어갔다. 임계영의 의병도 그 뒤를 이어 경상도로 진출하였다. 그리하여 호남 의병은 영남의 김면·정인홍 의병 부대와 연합하여 성주와 개령을 수복하는 전과를 올리있다.

왜군은 조·명 연합군의 압박에 따라 1593년 4월 한양에서 철수하여 경상도 지방으로 남하하였다. 제1차 진주성 전투에서 대패했던 왜군은, 대규모 보복전으로 그 치욕을 씻고자 전라도로 진출하고자 하였다. 9만 3천에 이르는 왜군에 맞선 조선 측은 성을 비워 희생을 피하자는 의견과 죽음으로 성을 사수하자는 의견으로 양분되었다. 그때 김천일은 "지금 호남은 국가의 근본이고 진주와 호남은 입술과 이의 관계인데, 진주를 버리면 그 화가 호남에 미칠 것이다"라는 논리로 성을 사수하자고 역설하였다. 반면에 순찰사 권율, 의병장 곽재우, 그리고 명나라 장수는 성을 지키기를 거부하고서 철수하고 말았다. 고립무원의 상태에서, 1만여 명에 이르는 수성군은 밤낮 9일 간에 걸친 1백 여 차례의 악전고투를 감당하다 모두 순절하였다. 당시 진주성에서 순절한 호남 사람들은 김천일, 양산숙, 최경회, 황진, 장윤 등이었다. 의암에서 왜장을 껴안고 남강에 투신하여 순절한 논개도 호남 사람이다. 그리고 고종후도 종 봉이·귀인과 함께 순절하였다. 봉이와 귀인은 포충사 경내에 있는 충노비(忠奴碑)의 주인공인데, 종을 기리는 비석은 전국에서 유일한 것으로 보인다. 비록 성을 지켜내지는 못했지만, 왜군의 호남 진격을 좌절시키는 데에 성공하였고, 왜군도 막대한 병력 손실을 입고 철수할 수밖에 없었다.

진주성 전투에 이어 전라도 의병을 이끈 마지막 의병장은 광주 출신의 김덕령이었다. 1593년에 의병을 일으킨 김덕령은, 조정으로부터 '충용장'의 호를 받고 전국 의병의 총수가 되었다. 그는 남원, 고성 등지에서 활약하고, 영남의 곽재우 등과 연합작전을 전개하였다. 그러나 그의 명성을 시기한 무리들의 음모에 의해서 김덕령은 비참한 최후를 맞이하였다. 이몽학의 난을 토벌하려다가 오히려 그와 내통했다는 무고로 인하여 옥사를 당했던 것이다. 광주의 중심가인 충장로는, 사후에 명예가 회복되어 추증된 그의 시호에서 따온 이름이다.

전후 포상과『호남절의록』간행

　왜군들이 신속하게 조선을 점령하고 장기간 주둔할 수 있었던 배경에는, 조선 백성에 대한 회유책도 작용하였다. 왜군들은 점령지에서 도망치는 백성을 불러 모아 거주하게 하고 통행증을 발급해 주기 때문에, '불량한 젊은이와 무뢰배'들 가운데 향도 노릇을 하는 자가 매우 많았다. 함경도에서는 왜군들이 진격해 오자 앞을 다투어 장수와 관리를 결박하여 적을 맞이하거나 피난 온 두 왕자를 적에게 넘겨준 사람들도 있었다. 적의 점령지에서 일본군에 적극적으로 부역한 자들이 상당수에 이르렀다. 관리들의 횡포에 대한 원성과 연이은 기근으로 인한 식량난 때문이었다.

　그러나 이들 부역자들에 대한 정부의 처벌 의지는 단호하지 않았다. 죄질이 명백하기 때문에 따로 죄상을 기록해두지 않아도 법망을 빠져나가지 못하며, 처벌은 전쟁이 끝나 안정을 찾은 뒤에 해도 무방하다는 시각이었다. 따라서 부역자 처벌은 왜란이 마무리되어 가는 시점에, 죄질이 뚜렷한 자들을 대상으로, 주로 지방관들에 의해 간헐적으로 이루어졌다. 호남 지방에서 일어난 부역자 처단으로는 "해남·강진·장흥·보성·무안 등의 고을은 인민이 거의 다 적에게 붙어 양반 사족의 피난처를 일일이 가르쳐 주어 거의 다 살육되었다. 해남의 아전 송원봉과 김신웅 등은 우리나라 사람을 멋대로 살육하고 사노와 향리들을 멋대로 6방에 임명하여, 왜군이 하려는 일은 모든 성의를 다해 아양을 떨었다. 또 왜군이 철수할 적에 잔당들에게 주둔을 청하여 세 곳에 주둔시켜 놓고, 그것에 의지하여 온갖 흉악을 저질렀다. 이에 송원봉과 사노비 둘을 붙잡아 때를 기다리지 않고 목을 베 효수하여 국법의 엄함을 알렸다. 잔당들도

추적 중이다"는 사례가 발견된다.

전쟁이 끝난 뒤에도, 전쟁 부역자를 광범위하게 조사하거나 정부 차원의 특별 기구를 만들어서 처벌을 단행했다는 기록은 없다. 민생을 안정시키는 일이 급선무로 인식되었기 때문에 현안에서 밀린 것으로 보이며, 혼란 중에 정밀한 기록이 없기 때문에 세월이 흐르면서 흐지부지된 것으로 생각된다. 오히려 정부의 정책은 부역자 처벌보다는 포상에 모아졌다. 전쟁 초기에 절개와 의리를 지키다가 죽은 충신·효자·열녀들을 조사하라는 공문을 각 도에 하달하였다. 이에 따라 각 도에서는 조사 보고서를 올렸고, 정부는 그것을 토대로 유공자를 정문(旌門), 상직(賞職), 복호(復戶), 상물(賞物) 등 네 등급으로 분류하였다.

이와 같은 정부의 전후 포상 시책에 의해 나타난 대표적 사례로, 광주 박산에 있는 제주양씨 삼강문을 들 수 있다. 이는 양산숙 일가에서 배출한 충신, 효자, 열녀를 기리기 위한 것이다. 양응정의 세 아들 산숙·산룡·산축은 의병을 모집하여 의병장 김천일의 휘하로 들어가 활동하였다. 그 후 양산숙은 김천일과 함께 제2차 진주성 전투에서 순절하였으므로 충신으로 표창 받았다. 양산룡은 동생 양산축과 같이 어머니 박씨를 모시고 섬으로 피하다 왜선을 만나 어머니가 능욕을 피하려고 투신하여 순절하였다. 그러자 형제도 그 뒤를 따랐다. 이에 박씨는 절부가, 산숙과 산룡은 효자가 되었다. 산숙의 아내 이씨도 바다에 뛰어들었으나 여종들이 건져내어 살았는데, 숲속에 피신해 있다가 산을 뒤진 왜적에 발각되자 칼로써 자결하여 절부가 되었다. 이리하여 한 집안에서 충신, 효자, 절부가 모두 나왔기에 삼강문이라 칭한 것이다.

전후 포상은, 정부가 통치 이념 차원에서 시행한 노력과 함께 지방 사림들의 자발적 노력에 의해 이루어진 측면도 있었다. 양반 사림들은 유교 윤리를 구현해야 한다는 소명의식에서, 또는 계급·문벌의 명예와 이익을 보장할 수 있는 좋은 소재라는 측면에서 전란 유공자의 이름을 높이고자 하였다. 1799년(정조 23)에 출간된 『호남절의록(湖南節義錄)』은 그러한 노력의 결정판이었다. 이

호남의절록

책에는 국난을 극복하다 순절한 호남 출신 유공자 1,460명의 행적을 담았는데, 임진왜란 관계자가 946명으로 대부분이고, 정묘·병자호란 관련자가 242명에 이른다. 전쟁이 끝난 지 200년이 지났음에도 그러한 출판 활동을 한 호남 사림들의 기본 동기와 저력을 깊이 음미해 볼 필요가 있다고 여겨진다.

■ 참고문헌

송정현, 『조선사회와 임진의병 연구』, 학연문화사, 1998.
조원래, 『임진왜란과 호남지방의 의병항쟁』, 아세아문화사, 2000.
김동수 교감·역주, 『호남절의록』, 경인문화사, 2010.

전라도 지방은 비옥한 농토가 많아 우리나라 농업의 중심 지역이다. 그리고 양질의 갯벌과 어장 및 많은 포구를 토대로 수산업과 해운업이 발달한 곳이기도 하다. 이를 토대로 조선을 먹여 살리는 중추적 역할을 담당하였고, 전국에서 최초로 장시가 열기도 하였다.

조선의 곡창 지대

조선시대에 지역별 농토 규모 기록은 15세기 건국 직후부터 보이기 시작한다. 그에 의하면, 전라도는 전국 8도 가운데 3위 정도를 보유하였다. 그러나 16세기부터는 상황이 달라지기 시작하였다. 연작법이나 모내기법과 같은 새로운 농사기술이 보급되면서 농지 개간이 활발히 전개되고, 그것을 정부에서 파악하는 양전 사업 또한 활발해졌다. 야산과 저습지 및 갯벌이 많고, 농사짓기에 유리한 자연환경 때문에 그러하였다. 그리하여 전라도는 지금에 이르기까지 전국에서 가장 많은 농토를 보유하고 있다. 환경 침해의 논란이 일고 있지만, 요즘도 간척지 개간으로 농토가 계속 늘어나고 있는 형편이다.

전라도의 농토는 기름지기로도 유명하다. 비옥하니 단위 면적당 생산량이 전국 최고를 자랑할 수밖에 없다. 농토 중에서 경제성이 높은 논의 비율이 가장 높았다. 논의 높은 경제성 때문에 밭을 논으로 개조하는 일이 잦았다. 그것도 천수답은 적고 대부분이 물을 풍부히 끌어 댈 수 있는 무논이었다. 그만큼 강수량이 풍부할 뿐만 아니라, 저수지가 많이 축조되고 수로 시설이 발달하여 가능하였다. 그리하여 논농사가 고대 시대부터 발달했던 것은 당연한 결과였다. 논농사가 발달한 관계로 두레라는 농민 단체가 많이 조직되었는데, 두레는 농민 항쟁 때 투쟁조직으로 활용되었을 뿐더러, 농악을 공연하기도 하였다.

|표| 조선시대 도별 농토 규모　　　　　　　　　　* 단위 결. *① ② ③은 순위

	1404년	1454년	1591년	1646년	1719년	1769년	1807년	1893년	1901년
경기도	140,142	207,119	141,970	21,839	101,256	51,007	52,107	41,446	68,249
충청도	223,090	236,300	252,503	124,625	255,208	123,861	120,833	102,700	133,146
전라도	③ 173,990	③ 277,388	① 442,189	① 200,437	① 377,159	② 199,220	① 204,740	① 202,320	① 251,684
경상도	234,629	301,147	315,026	189,574	336,778	199,527	201,533	186,699	218,501
황해도	90,922	104,772	106,832	44,238	128,834	69,824	68,289	76,130	87,258
평안도	6,648	308,751	153,009	47,561	90,804	83,507	84,902	86,030	104,636
강원도	59,989	65,916	34,831	8,256	44,051	11,408	11,569	10,402	20,255
함경도	3,271	130,413	63,831	46,806	61,243	62,489	66,545	52,360	101,382

농토가 많고 비옥함에 따라 곡물의 생산이 자연 많을 수밖에 없었다. 농업을 중심으로 여기는 사회에서 곡물 생산이 1등이었다는 것은 전라도 지역의 경제력이 그만큼 월등하였음을 알려준다. 곡물 중에서 미곡 생산이 전국에서 단연 으뜸이었다. 이는 논이 가장 많

은 결과로서, 쌀을 주식으로 하는 식생활 풍토 속에서 그 가치를 더해주고도 남는다.

곡물 생산이 많음에 따라 인구가 다른 지역에 비해 많을 수밖에 없었다. 조선시대 인구수에 있어서 전국에서 전라도가 경상도 다음으로 많았다. 그러나 인구밀도에 있어서는 경상도를 앞서 단연 전국 최고였다. 또한 전라도에서 나라에 바치는 세금도 전국에서 가장 많았다. 1646년(인조 24)의 경우, 8도 가운데 전라도와 경상도가 가장 많은 토지세를 국가에 납부하였다. 2도에서 전체의 58%를 차지할 정도였는데, 전라도가 더 많았다. 그래서 전라도는 국가 제일의 창고 역할을 하였다. 전라도에 흉년이 들어 작황이 여의치 않으면 온 나라가 흔들릴 지경이었다.

전라도에서 생산되는 다량의 쌀은 미질이 좋은 것으로 정평이 나 있다. 소비하고 남은 상당량은 장시(場市)나 포구(浦口)에서 판매되었다. 시장에서 쌀을 매입한 상인들은 그것을 선박을 통해 최대 소비도시인 서울로 반입하였다. 서울 사람들은 조운선, 지주, 상인들이 반입하는 곡물로 식량을 충당하고 있었다. 따라서 전국 최대 산지인 전라도의 쌀이 제대로 올라오지 않으면 서울의 식량 수급에 차질이 빚어질 형편이었다. 그 때문에 정부 당국에서는 전라도 쌀의 향배에 지대한 관심을 갖지 않을 수 없었다. 그와 관련하여 전세미나 대동미가 화폐경제의 발달로 점차 포목이나 화폐로 대신 납부되었는데, 정부에서는 서울로 올라오는 쌀을 확보하기 위해 전라도의 포납(布納)이나 전납(錢納)에 대해서는 가능하면 막으려 하였던 점이 주목된다. 세금을 무거운 쌀 대신 가벼운 돈으로 내는 편리함마저 누리지 못하였던 것이다. 또한 상인들에 의해 쌀이 다량 유출되어 쌀값이 폭등하고 쌀이 줄어들고, 그로 인하여 빈궁한 농민들이 더욱 곤궁하게 되면, 수령이 자기 고을의 빈민들을 보호하기 위해 방곡령(防穀令)을 내리어 서울을 긴장시킨 적이 있었다. 당연히 방곡령은 중앙관료들에 의해 철퇴를 맞지 않을 수 없었다.

한편, 농토가 많고 곡물이 풍부함으로써 국가권력이나 권세층들이 전라도에 대한 관심을 늦추지 않았다. 그 결과 전라도는 수탈에 쉽게 노출되지 않을 수 없었다. 풍부한 물산은 가혹한 수탈을 수반하였던 것이다. 이렇듯, 전라도는 기름진 농토를 전국에서 가장 많이 보유하고 있어 조선의 창고 역할을 하였던 것이다.

수산업과 해운업의 발달

전라도 지방은 해안선의 굴곡이 심하고 조석 간만의 차가 높아 양질의 갯벌과 어장이 곳곳에 산재해 있다. 그리하여 수산물과 소금의 생산이 전국에서 으뜸이었다. 이는 연안어업 중심의 사회에서 전라도를 국가 경제의 중심지로 말하기에 충분한 것이었다.

고기잡이는 배와 어살로 이루어졌다. 어살은 해안을 향해 방사형 형태로 지주를 세우고 싸리·참대·장목 등으로 만든 발을 치고 그 중앙 및 좌우에 함정을 만들어 놓아 간만의 차에 의해 들어 온 고기가 나가지 못하도록 한 것이다. 당시 전라도에서는 각종 어류, 조개류, 해조류가 생산되었다. 영산강 하류에서 잡힌 숭어의 알을 말린 것은 가히 일품이어서 진상품이었다. 조기를 소금에 절이어 말린 굴비 또한 지금까지 전국적 명품이다. 광양 사람 김여익(金汝瀷)이라는 사람이 대발에 해태(海苔:해의(海衣)라고도 한다)가 붙어 있는 것을 발견하고 양식에 성공한 후 그의 성을 따서 '김'이라 하였다.

연해 고을에서는 소금을 생산하였다. 당시 소금은 지금처럼 염전에서 바닷물을 태양열로 증발시켜 만드는 것이 아니라, 가마솥에 바닷물을 넣고 불을 피워 소금을 만들었다. 그래서 소금을 굽는다고 말하였는데, 소금을 구우려면 적지 않은 나무가 필요하다. 서남해안 지역에는 산림이 무성하여 화목을 조달하기가 어렵지 않다. 그리하여 이 지역에

어살로 고기 잡는 모습(김홍도 그림)

서는 양질의 소금이 많이 생산되었던 것이다. 한 때 천덕꾸러기로 전락했던 전라도 천일염이 요즘 각광을 받고 있다고 하니, 옛 영광이 다시 찾아올 것 같다.

|표| 영조대 각도의 어염선세

도	전라	경상	충청	황해	경기	함경	강원	평안
어염선세	42,900냥	27,400냥	11,600냥	10,500냥	6,100냥	5,500냥	5,300냥	5,000냥

전라도는 수산업이 발달한 곳이었기에 국가에 내는 관련 세금도 많았다. 영조 때에 국가에서 어세, 염세, 선세를 거둔 현황을 보면, 전라도가 가장 많았고, 그 다음이 경상도였지만 전라도의 절반 정도에 불과하였다. 그래서 이 무렵 한 관리는 "우리나라 어염의 이익은 호남이 제일이다"고 말한 바 있다.

한편, 전라도는 일찍부터 조선업으로도 유명하였다. 고려 때에 여·몽연합군의 일본 원정 시 군선 수백 척을 담당하였다. 조선시대에는 조운선이나 군선을 상납하였다. 서울의 상인들이 내려와 상선을 건조하여 가지고 가기도 하였다. 장인들의 조선 기술이 뛰어났으며, 배를 건조하는 데에 필요한 소나무가 많기 때문이었다.

또한 전라도 사람들은 배 다루는 기술도 뛰어났다. 특히 원양 항해에도 뛰어나 멀리 울릉도와 독도까지 갔는데, '독도'라는 말이 우리 지역에 있는 '독섬'에서 유래한다고 한다. 무엇보다 전라도 일대에는 세곡을 서울로 운송하는 조창(漕倉)이 여러 군데 설치되어 있었다. 고려시대에는 전국에 12개의 조창 가운데 호남지역에 6개가 있었다. 조선시대에는 법성창(영광), 성당창(함열), 군산창(옥구)이 있었고, 조운제가 붕괴되고 군현 직납제가 등장하면서 연해 고을에는 해창(海倉)이 있었다. 현재도 해창이라는 지명은 곳곳에 남아있다.

전라도에는 배가 자유롭게 드나들고 풍랑을 막아줄 수 있는 포구가 많았다. 『증보문헌비고』에서는 경상도(171), 전라도(148), 황해도(68), 충청도(56), 경기도(45), 평안도(25), 함경도(21), 강원도(20) 순으로 포구 현황을 기록하고 있다. 제주 화물이 도착하는 영암·해남·강진·장흥의 포구는 개성상인과 경강상인들이 왕래하여 번성을 누렸다. 영광의 법성포와 나주의 영산포는 전국적인 포구시장으로 널리 알려졌다.

이렇듯이 수산물과 농산물의 산출이 풍부하고, 천혜의 양항이 많고, 탁월한 항해·조선술로 인해 이 지역에는 일찍부터 해상교역이 발달하였다. 그렇지만 권력층의 수탈 창구로 이용되어 고통을 당하기도 하였다.

전국에서 최초로 연 장시

오늘날 정기적으로 열리는 시장을 장이라고 한다. 장은 조선시대의 장시(場市)에서 유래한다. 장시는 우리 역사상 15세기에 전라도 나주와 무안 등지에서 '장문(場門)'이라는 이름으로 처음 등장하였다. 왜 전라도에서 가장 먼저 장시가 열리었을까? 당시 혹심한 기근이 원인이기도 하였지만, 그만큼 이 지역의 물산이 풍부했기 때문이다.

초기의 장시는 관아가 있는 읍내에 있고 없는 것을 상호 교환하기 위한 농민들에 의해 15일장이나 30일장의 형태로 개설되었다. 그러나 점차 5일장의 체제를 갖추며 읍내를 넘어 산간벽지에까지 들어섰다. 그리하여 18세기에는 전국에 1천 개 이상이 개설되어 사방 수십 리에 장이 서지 않는 날이 없을 정도라고 하였다. 상품경제가 발달한 결과였다. 이제는 예전의 장시가 아니었다. 막대한 자금을 지닌 대상인들이 특정 물종을 매점매석하여 폭리를 취하는 문제가 야기되었다. 또한 장세(場稅)가 징수되어 지방재정으로 충당되었는데, 수세권을 차지하기 위해 관부나 권세가들이 다툼을 벌리었다. 사람들로 대성황을 이루는 공간이어서 광대들의 공연이 행해졌다. 심지어 도박이 횡행하고 남녀 간에 매춘마저 자행될 뿐만 아니라, 중국이나 일본의 고가 수입품이 매매되고 금지령에도 불구하고 쇠고기와 술을 파는 가게가 즐비하여 사회적 물의를 일으키기도 하였다. 이와는 달리 개시일을 달리하는 4~5개의 장시를 하나로 묶어 그 권에 있는 사람들이 연중무휴 장을 볼 수 있도록 한 유통권이 형성되어 있었다. 장시 상인들을 '장돌뱅이'라고 한 것은 이 때문이었다. 이 유통권은 하나의 생활·문화권으로도 여겨져 권내에서는 동

일한 방언을 쓰거나 노래를 부르고, 식생활이나 혼인을 함께하기도
하였다.

조선후기에 광주·전남 지방에는 고을마다 평균 3.9개의 장시가
개설되어 그 어느 지역보다 많았다. 이는 전국의 평균 3.4개를 크게
상회하는 것으로써, 8도에서 가장 많은 분포를 보이고 있다. 이 지

한말의 순천 남문장

역의 물산이 풍부하고 유통경제가 발달하였기 때문에 그러하였다.
그렇지만 작은 고을인 화순·구례에는 각각 1개가 있었지만, 큰 고
을인 순천·나주에는 무려 13개씩 있었다. 그리고 월 6회 열리는 5
일장이 대부분이었지만(전체의 81%), 강진의 읍내장과 병영장, 영
암 읍내장, 나주 읍내장 등은 월 9~12회 열리는 장이었다. 또한 장
시를 입지별로 분류해 보면 인구가 밀집한 읍내, 군진, 창촌, 그리고
교통이 편리한 포구, 역원 등지에 분포되어 있었다. 읍내의 경우에
는 윗장, 아랫장 형태로 두 곳 개설된 곳이 있었다.

이처럼 이 지역에는 전국에서 가장 먼저, 그리고 가장 많은 수의 장시가 개설되었다. 이는 이 지역의 유통경제가 그 어느 지역보다 발달했음을 알려주는 지표가 되지 않을 수 없다. 장시가 들어선 지역은 인구의 조밀지, 교통의 요지, 물화의 생산지여서 나중에 대부분 면의 중심지로 자리를 잡게 된다.

■ 참고문헌

한영국, 「인구의 증가와 분포」, 『한국사』 33, 국사편찬위원회, 1997.
김대길, 『조선후기 장시연구』, 국학자료원, 1997.
김덕진, 「18~19세기 지방장시에 관한 연구」, 『국사관논총』 81, 1998.
김덕진, 「전라도 순천 해창의 설치와 풍경」, 『전남사학』 18, 2002.

조선후기에 조세 행정이 문란해지자 농민들은 세금 수탈로 어려운 삶을 살게 되었다. 전라도의 농민들도 고통을 이기지 못하고 갖가지 방법으로 저항하였고, 마침내 함평과 광양 등지에서 조직적인 항쟁을 일으켜 잘못된 세정을 바로 잡아 줄 것을 요구하였다.

문란한 조세 행정

조선왕조의 재정 수입은 본래 토지를 대상으로 하는 전세, 사람을 대상으로 하는 군역, 그리고 가호를 대상으로 하는 공납이 그 주류를 이루었다. 이러한 조세 제도는 17세기 이후부터 전정, 군정, 환곡 등 3정(三政)으로 재편되었다. 그런데 19세기 세도정치 시기에 들어서면서 이들 조세 행정이 문란하게 되어 농민들은 수탈을 당하고 살았다.

전정(田政)이란 농토에서 거두어들이는 세금 행정을 말한다. 농토에는 전세, 대동미, 삼수미, 결작 등의 세금이 부과되었는데, 그 총계는 1결낭 20말 정도에 불과하였다. 이 정도는 수확량의 10분의 1도 안 되는 것이어서 결코 많은 양은 아니었다. 그럼에도 불구하고 관리들이 여러 가지 명목으로 부가세를 부과하였기 때문에, 농민들의 부담은 매우 무거웠다. 1822년(순조 22) 전라좌도 암행어사가 보고한 바에 따르면, 22종의 부가세가 부과되어 농민들이 실제 부담하는 토지세는 법정액보다 훨씬 많은 100말이나 되었다. 이런 상태에서는 1년 농사를 지어도 세금을 내고 나면 남는 것이 없을 정도였다.

농사를 짓고 있는 농민(김홍도 그림)

군정(軍政)이란 양인 장정으로부터 군포를 거두어들이는 행정을 말한다. 군정과 관련하여 이런 일이 있었다. 갈대밭에 사는 백성이 아이를 낳은 지 사흘 만에 그 아이가 군포 징수 대상자에 편입되고, 이장이 군포를 못 냈다고 소를 빼앗아 가자 칼을 뽑아 자기 성기를 자르면서 "내가 이 물건 때문에 어려움을 받는다"고 말하였다. 그의 아내가 남편의 잘린 성기를 가지고 관문에 나아가니 피가 아직 뚝뚝 떨어지고 있었으며, 울며 호소하였으나 문지기가 막아버렸다. 이 비극적인 상황을 정약용이 강진에서 직접 목격하고서 '애절양(哀絶陽)'이란 제목의 시로 남기었다. 어찌 이런 일이? 군역의 의무를 져야 하는 사람은 16~60세의 양인 남자였다. 이들은 정군(正軍)으로 입대하거나 보인(保人)으로 군포 2필을 납부해야 하였다. 군포 2필이 무겁다고 하자 영조는 균역법을 시행하여 1필을 경감시켜 주었다. 그러나 '군다민소(軍多民少)'한 지역이 적지 않아 양인들이 2중, 3중으로 부담하는 경우가 허다하였다. 또 수령과 향리들이 중간에서 농간을 저질러 인징, 족징, 백골

징포, 황구첨정 등의 폐단이 발생하기도 하였다. 거기다가 양반이 증가하면서 군역 의무 이행자들이 줄어만 가고 있었다. 이런 상태에서 아들을 낳기만 하면 무거운 군역을 져야 하기 때문에, 득남을 한탄하여 자기의 성기를 잘라버린 일이 있었으니, 군정의 폐단을 가히 짐작하고도 남을 것이다.

환곡(還穀)은 처음에는 어려운 처지의 백성을 구휼하기 위한 제도이자, 유사시에 쓸 관곡을 신곡으로 교체하는 수단으로, 봄에 곡식을 빌려주었다가 가을에 약간의 이자를 붙여서 받아들이는 것이었다. 그러던 것이 16~17세기 이후에 국가 세금의 하나가 되고 말았다. 환곡이 관아의 수입원이 되면서부터 굶주린 백성의 구휼과는 반대로 농민을 수탈하는 수단이 되어버렸다. 우선 정부는 이자 수입을 늘리기 위해 원곡을 증대시켰고, 그에 따라 그것을 취급하는 기관도 늘어났다. 또한 관리들은 여러 가지로 불법을 저질렀다. 늑대(勒貸)라 하여 필요 이상의 양을 강제로 빌려 주거나, 진분(盡分)이라 하여 반분(1/2을 창고에 두고, 1/2을 민간에 분급) 규정을 어기고 원곡을 전부 분급하기도 하였다. 겨를 섞어서 1가마니를 2가마니로 늘려 빌려주거나, 물가의 차이를 이용하여 차익을 노리는 것도 큰 문제였다. 이리하여 3정 중에서 환곡의 폐해가 가장 심하다고 하였다.

이처럼 3정의 문란은 농민들을 크게 괴롭혔다. 정부에서는 개선방안을 강구하기도 하였지만, 근본적인 대책을 마련하지 못한 채 시간만 흐르고 말았다. 물산이 풍부하여 수탈의 여지가 많은 광주·전남 지역의 사정은 더욱 악화되고 있었다.

정한순이 주도한 함평 농민 항쟁

　19세기 들어 국왕이 어린 나이에 즉위함으로써 왕권이 약화되자, 외척이 정권을 독단하는 세도정치가 시작되었다. 정치 기강과 조세 행정은 날로 문란해져, 농촌 사회는 더욱 피폐해지고 있었다. 빈번한 자연 재해와 전염병은 농민들의 어려움을 가중시키었다. 전국 곳곳에서 민란이 발생하였다. 1811년(순조 11)에는 평안도에서 홍경래의 난이 일어나 세도정치 아래에서 신음하던 농민층을 크게 깨우쳤다. 이제 민란은 전국적으로 확대될 수밖에 없었다.

　전국적인 농민 항쟁은 1862년(철종 13) 2월 진주 민란을 시발로 전국 70여 고을으로 확산되었다. 이를 '1862년 농민항쟁', '임술민란', '임술농민항쟁'이라 한다. 전라도는 전국에서 가장 많은 38개 고을에서 봉기하였다. 그만큼 전라도에 대한 경제 수탈이 심하였고 지역민들의 의식이 고양되어 있었다. 광주·전남 지방에서는 함평에서 처음 발생하여 전 지역으로 확산되었다. 전체 25개 고을 가운데 18개 고을에서 봉기하였고, 7개 고을만이 봉기하지 않았다. 그 중에서 함평 농민 항쟁이 대표적이다.

광주·전남의 임술농민항쟁 발생지역

　함평 농민들은 세금의 문제와 관리들의 부정을 관찰사에게 보낼 것을 결정하였다. 그것을 각 면별로 회의를 개최하여 토의하였다. 이어 향교 부근에서 전 면민이 참가하는 회의를 열어 다시 논의하고 마침내 추인 받았다. 그때 우두머리 향리가 수령의 부정을 폭로하였고, 주동자 정한순(鄭翰淳)은 자신들의 행위가 보국안민(輔國安民)에 있음을 밝혔다. 대표자들이 서명한 소장을 감영에 보냈으나, 감영의 조치는 형식적이었을 뿐더러 서명한 자들을 무고죄로 체포하여 처벌하려 하였다.

이에 함평 농민들은 각 면에 통문을 돌려 4월 16일 읍내 장터에 수천 명이 집결하였다. 이들은 훈장과 면임의 인솔 하에 면 이름을 쓴 깃발을 앞세우고 죽창이나 작대기로 무장하였다. 일제히 환호성을 지르며 읍내로 진격하여 조세와 소작료 수탈에 앞장선 향리와 토호의 집을 습격하여 방화하고 그들을 구타하였다. 그리고 동헌을 공격하여 각종 장부를 탈취하고, 향리를 구금하고, 감옥을 열어 죄수를 석방하였고, 현감을 무안 경계로 추방해 버렸다. 읍정(邑政)을 장악한 농민군들은 그날 밤 향교로 돌아왔다. 농민군들은 향교를 자치소로 삼아 동헌과 각 면을 오가며 순찰 활동을 폈으며, 중앙에서 파견된 조사관을 감시하였을 뿐만 아니라, 잔존 이서들을 지휘하여 조사 활동을 독려하기까지 하였다. 그와 함께 악질 인사들로부터 인수한 곡물과 부민들이 헌납한 곡식을 향교로 운반하여 장기전에 대비하였다. 이 모든 것들이 '장군'으로 호칭되는 정한순의 지휘통솔로 이루어지고 있었다.

사태를 조사하기 위해 이정현이 안핵사로 임명되어 함평에 도착하였다. 이정현은 도착하자마자 농민군과 접촉하면서 정부 정책을 홍보하였다. 이러한 상황에서 5월 10일에 수천 명의 농민군들은 깃발과 창을 든 채 관청으로 나갔다. 그리고 정한순은 안핵사에게 스스로 자수하며 함평의 비리를 모은 '10조앙진'(과다한 결세, 환곡, 군역세, 저채, 잡세의 징수가 수록되었다)을 제시하고 그것을 시정해 주기를 간곡히 부탁하였다. 이렇게 하여 한 달가량 지속된 함평 농민 항쟁은 일단락되었다. 정부에서는 지도부 22명을 체포하여 교수형에 처하거나 투옥하거나 유배형에 처하였다. 반면에 현감과 향리들을 부정이나 직무유기로 처벌하면서, 수탈한 고리대를 환급하도록 지시하기도 하였다. 이듬해인 1863년에 서울에서 장기형이라는 사람이 "호남에서 민요를 일으킨 정한순이 필경 장구대진할 것이다"는 유언비어를 퍼트린 죄로 체포된 일이 있었다. 함평 농민 항쟁과 그것을 주도한 정한순의 위상을 가히 짐작해 볼만하다.

병란 성격을 띤 광양 농민 항쟁

1863년에 철종이 죽고 고종이 즉위하자, 그의 아버지 흥선대원군이 권력을 장악하였다. 그는 과감한 정치를 단행하여 여러 분야에 걸친 개혁을 추진하였으나, 조세제도의 문제점과 탐관오리의 부정을 근본적으로 해결하지 못하였다. 더군다나 경복궁 중건비와 양요 대비 군수비를 징수하여 농민층의 생활은 더욱 어려워질 수밖에 없었다. 개항(1876) 이후 일본과 청의 상인들이 영국산 면제품이나 자국산 공산품을 대량 유포시켜 조선의 농촌 수공업을 몰락하게 하였다. 그리고 일본으로 식량이 대거 유출되어 곡가가 폭등하여 도시 빈민층의 생계에 위협을 주기도 하였다.

생활이 어려운 농민들은 산간지역을 떠돌며 명화적(明火賊)이 되기도 하였다. 1880년대에 이르면 전국적으로 없는 곳이 없을 정도였다. 30~40명, 또는 수백 명 단위로 출몰하며 지주, 객주, 장시를 습격하거나 운반 중인 세금을 약탈하였다. 광주·전남 지방에서도 명화적 출몰이 빈번하였고, 그 기세가 매우 높았다. 이런 상황에서

1869년 광양, 1883년 완도 가리포, 1889년 광양, 1890년 나주에서 다시 조직적인 농민 항쟁이 일어났다. 이 중에서 광양 농민 항쟁이 대표적이다.

1869년(고종 6) 3월 23일 밤, 하얀 두건을 쓴 70여 명의 무리가 총포를 쏘면서 광양 읍성 동문으로 들어가서 군기고를 헐고 무기를 꺼내어 무장을 하고, 동헌으로 들어가 현감 윤영신을 위협하여 인부(印符)를 탈취하려 하였다. 현감이 내어줄 수 없다고 버티어 탈취하지는 못하였지만, 그 과정에서 민가 25호가 불타버렸다. 성 안의 주민들을 무장시켜 군사로 삼으니 그 수가 300여 명에 이르렀다. 창고를 열어 곡식을 백성들에게 나누어주고 나머지는 비축하였다. 지도부는 백성들을 살해하거나 재물을 약탈하는 자는 무거운 벌을 받을 것이라고 천명하여 성 안의 질서를 잡았다. 8도에서 수만의 병사가 호응할 것이라며 호언장담하기도 하였다. 그런데 25일 밤, 현감이 경비가 허술한 틈을 타서 빠져나가 수천 명의 토벌대를 조직하여 반격에 나섰다. 농민군은 수적 열세로 참패하여 읍성은 함락되고 대부분은 체포되고 말았다. 정부에서는 병영과 진영의 군졸들을 파견하여 나머지 무리를 소탕하게 하였다. 이로써 항쟁은 3일 만에 끝나고 말았다.

민회행(閔晦行)이 주동자였다. 그는 광양 출신으로 젊어서 의술을 배웠으며, 영·호남 여러 지역을 돌아다니며 동지를 모았다. 돈과 곡식을 모아 범선 2척을 구입하고, 탄약 20근을 매입하였다. 하동의 섬진 장시에서 상인을 가장하여 일당을 모았다. 70여 인에 이르자 순천의 우손도라는 섬으로 들어가 소를 잡아 서로 위로하고, 갑주와 죽창을 제조하고, 산신제를 올려 항쟁이 순조롭게 진행되기를 기원하였다. 준비를 마친 이들은 마침내 광양 읍성을 공격하여 점령하였던 것이다. 나중에 체포되어 문초를 받을 때에 민회행은 읍폐(邑弊)를 바로 잡는 데에 그 목적이 있다고 답하였다. 그러나 각지에서 구원군이 온다고 말하여 연합적 항쟁을 계획하였다. 거사 목적 또한 인근 지역에서 동지들을 규합하여 병사로 양성하였던 점이 주목된다. 이렇게 보면, 광양 농민 항쟁은 조선후기 이래의 일반적 민란이라기보다는 처음부터 장기적 투쟁을 위해 계획된 병란 성격을 띤 일종의 무장 봉기였다.

20년이 지난 1889년(고종 26)에 광양 농민들은 다시 항쟁을 펼치게 된다. 주민들이 모여 관청을 부수고 현감을 내쫓았으며, 또한 공금을 탈취하고 민가를 파괴하였다. 이방 자리에 있던 사람이 그의 형을 좌수로 앉히려 하였고, 공금을 축내었기 때문이었다. 정부에서는 그 이방을 형벌을 가한 후 섬으로 유배를 보내었다. 그리고 봉기를 주도한 사람을 효수형에 처하였고, 봉기를 막지 못한 죄로 좌수와 호장을 처벌하였다.

■ 참고문헌
박광성, 「고종조 민란연구」, 『전통시대의 민중운동』 하, 풀빛, 1981.
망원한국사연구실, 『1862년 농민항쟁』, 동녘, 1988.
김덕진, 「정한순, 임술농민항쟁의 지도자」, 『변혁기의 인물과 역사』, 사회문화
        원, 1996.
고성훈, 「1869년 광양란 연구」, 『사학연구』 85, 2007.

IV.

근대 사회

1. 노사학파의 위정척사운동

16세기만 하더라도 인재의 숲으로 불리던 호남의 유학계는 17세기이후 이렇다할만한 유학자들이 배출되지 않았다. 이른바 기축옥사(己丑獄死, 1589)를 계기로 호남사림들이 엄청난 피해를 입었을 뿐만 아니라 학문 활동도 위축되었기 때문이다. 그러던 중 19세기 중반에 이르러 기정진은 뛰어난 학문을 바탕으로 수많은 제자들을 배출하였다. 이들은 노사학파를 형성하여 때마침 불어 닥친 구미열강의 침탈과 내부적 혼란을 막기 위해 조선말 위정척사운동 및 초기 의병운동을 주도하였다. 한편, 비록 소수이긴 하지만 일부 유학자들은 실학의 영향을 받아 근대적인 개화사상을 새롭게 인식하기 시작하였다.

전라도 해안에 출몰하는 서양의 선박들

19세기 중반이후 서세동점의 파도가 조선의 해안에 물밀듯 밀려왔다. 이양선 혹은 황당선(荒唐船)이라 불리는 서양 제국주의의 군함들이 조선의 영해에 나타난 것이다. 구미의 군함들은 해양 탐사를 핑계 삼아 해안선과 연해지역의 관측과 조사에 착수하여 침략을 위한 포석으로 삼았다. 또한 그들은 연안의 도서지역에서 신선한 식수나 채소, 육류를 제공받는 한편 교역을 요구하거나 노략질도 서슴지 않았다.

전라도의 경우 영국의 군함 사마랑(Samarang)호가 고흥의 초도, 강진의 녹서도, 장흥의 평일도, 제주의 마라도와 우도 등 해안을 불법적으로 측량하였으며(1845), 러시아 함대는 거문도를 두 차례나 침범하였다(1854·1857). 이양선의 잦은 출몰로 말미암아 전라도 연해의 주민들도 막연한 두려움이나 위기의식이 점차 고조되었다. 더욱이 영불연합군에 의한 북경침공(1860)은 조선을 불안에 떨게 하였다. 천하의 중심국가로 자처한 청나라의 수도가 '서양 오랑캐'들에 의해 허무하게 무너진 소식은 그야말로 충격적이었기 때문이다. 따라서 조선정부는 연해의 경비를 강화하거나, 암행어사를 파견하여 민중들의 공포심을 다독이는 등 이른바 해방책(海防策)을 추진하였다.

조선 정부는 서양세력과의 연결고리로 인식되어온 천주교 신자에 대한 가혹한 탄압과 동시에 「척사윤음(斥邪綸音)」(1839)을 내려 국왕의 명령으로 천주교를 금하였다. 그럼에도 불구하고 천주교 신자들이 계속 증가하자, 대원군을 비롯한 집권세력과 재야 유학자들은 심각한 위기로 인식하였다. 이들은 천주교에 의해 성리학적 지배질서가 동요될 것을 두려워한 나머지 천주교 신자 수천 명을 처형하기도 하였다(병인박해).

이를 빌미삼아 프랑스는 강화도에 쳐들어와 약탈과 방화를 자행하였다. 이른바 병인양요가 그것이다. 이어 제너럴 셔먼호사건(General Shermen, 1866)을 추궁하려는 미국함대가 다시 강화도에 침입하였는데, 이름하여 신미양요라 한다(1871). 프랑스와 미국은 조선에서의 이익을 선점하려고 군사적 도발을 감행한 것이다. 한편, 오페르트(E. Oppert)도굴사건(1868)과 강화도조약(1876)도 이 시기에 발생하였다. 위정척사운동은 이러한 배경 아래 전개된 것이다.

노사학파의 조선을 지키기 위한 방안

위정척사운동의 목표는 성리학에 기초한 양반지배체제를 강화함과 동시에 서양의 침략을 물리치자는 것이었다. 이를 흔히 세 시기로 구분하고 있다. 제1기(1866~1871)는 노사(蘆沙) 기정진(奇正鎭 : 1798~1879)과 화서(華西) 이항로(李恒老 : 1792~1868) 등이 개별적으로 상소한 시기이다. 제2기(1876년 전후)는 최익현과 김평묵 등 경기 · 강원 유생들이 왜양일체론(倭洋一體論)을 제기한 시기이며, 제3기(1880년 전후)는 『조선책략(朝鮮策略)』의 파문에 따라 이른바 '신사척사운동(1881)'이 전국적으로 일어난 시기이다.

위정척사운동에 불을 지핀 인물은 기정진과 이항로 등 재야의 유학자들이었다. 이들은 위기를 극복하기 위한 방안을 상소로써 표명하였다. 특히 기정진은 전북 순창에서 태어나 전남 장성에서 주로 활동한 성리학자로서 최초로 위정척사론을 제기한 인물이다. 그는 40대 이후 「납량사의(納凉私議)」와 「외필(猥筆)」 등과 같은 독창적인 저술을 통해 이(理)를 매우 강조하는 이론을 체계화하였다. 그는, 세상의 큰 변고로 부인이 남편의 자리를 빼앗는 것(妻奪夫位), 신하가 임금의 자리를 빼앗는 것(臣奪君位), 오랑캐가 중화의 자리를 빼앗는 것(夷奪華位)을 들었다. 그러나 가장 큰 변고는 기가 이의 자리를 빼앗는 것(氣奪理位)이라 하였다. 즉, 이를 절대시하는 이른바 '이일분수설(理一分殊說)'을 주장한 것이다. 이러한 그의 주장은 연재 송병선(淵齋 宋秉璿) · 간재 전우(艮齋 田愚) 등과 같은 기호학파로부터 거센 비판을 받았으나, 이항로(李恒老) 등 화서학파와 이건창(李建昌) 등 강화학파로부터 극찬을 받았다. 이후 그의 학설을 따르는 제자들이 크게 증가함으로써 1840년대를 전후하여

노사학파가 형성되었다. 그의 제자로는 조성가·이최선·기우만·
정재규·기삼연·정의림·오준선 등 약 600명이었으며, 재전제자를
합하면 4천명이나 되었다.

기정진과 그의 제자들이 모셔진 장성 고산사 전경

　기정진의 사상적 특징은 이(理)에 절대적인 가치를 부여한 점이
라 할 수 있다. 이러한 그의 사상은 국왕중심의 정치와 연결될 수
있다. 즉, 그는 19세기 중반 조선사회의 동요를 바로잡고 제국주의
의 침략을 저지하기 위해서는 강력한 군주를 중심으로 단결해야 하
며, 군주 또한 백성의 스승이므로 도덕적으로 모범을 보여야 한다
는 것이다.

　아울러 그는 양반사대부의 도덕적 해이와 특권의식을 강하게
비판하였다. 삼정의 문란은 양반사대부의 사치와 몰염치에서 기인
한 것으로 보았기 때문이다. 나아가 그는 조선이 직면한 현실을 타
개하기 위한 적극적인 개혁을 주장하였다. 임술농민항쟁(1862)이
진정된 직후, 그는 정치의 요체는 양민(養民)에 있으며, 양민의 대

상은 농민이므로 그들의 고충을 해결하기 위한 개혁의 시급함을 강조하였다.

임술농민항쟁(1862)의 원인에 대하여 그는, '농민이 먹을 젖조차 잃고 울부짖는 소리'라고 규정하였다. 그러므로 군주는 유모(乳母)의 입장에서 농민의 배고픔을 해결하되, 정약용이 『목민심서』에 제시한 방안으로 제반 분야의 개혁을 추진하라고 건의하였다. 그는 삼정 가운데 특히 폐단이 심각한 군정과 환곡제도의 혁신, 대토지 소유의 제한, 서원의 민폐 근절, 과거제 부정의 척결 등을 요구하는 근본적인 개혁을 반드시 추진하라고 촉구했다. 이처럼 그의 시무책은 과감한 개혁을 요구하는 내용으로 이루어져 있다.

기정진은 서양세력을 막기 위한 다양한 방안을 개진하였다. 1866년 8·10월 두 차례나 올린 상소는 위정척사사상을 정립한 글로서 기념비적인 내용과 의미를 포함하고 있다. 그는 외세에 효과적으로 대응하는 방법을 6개 조항으로 제시하였다. 첫째 국가의 쇄국양이책을 확정할 것, 둘째 외국인 접촉에 대한 명확한 지침을 시달할 것, 셋째 외세의 침략에 대비하여 국내의 지형을 잘 파악해놓을 것, 넷째 군적(軍籍)의 효율적인 관리와 국방력을 강화할 것, 다섯째 현명한 정책을 건의하면 전폭적으로 수용할 것, 특히 격식에 위배되거나 한글로 쓰인 건설적인 대안도 적극 받아들일 것을 촉구했다. 이는 일반 백성들의 입장을 국가정책에 활용하라는 주장이란 점에서 주목된다. 끝으로 내정개혁을 성실하게 수행하는 것만이 외세를 막는 지름길이므로, 이를 위해서는 국민들의 마음을 하나로 결집시켜야 한다고 강조했다. 외세의 침략에 직면한 조선의 위급한 상황을 타개하기 위해서는 내치(內治)를 잘 해야 한다는 점을 역설한 것이다.

당시 그는 서양과 기독교세력을 오랑캐와 짐승에 비유하였다. 특히 성리학 신봉자만이 인간이며, 서양과 수교하면 오랑캐나 짐승이 된다는 '인수론(人獸論)'이라는 극단적인 논리를 전개하였다. 그리고 서양세력과의 수교나 교역 반대, 서양 상품의 배격 등을 요구하는 '통교불가론(通交不可論)'이나 '양물금단론(洋物禁斷論)' 등을 주장하였다. 요컨대, 기정진의 주장은 우리 민족의 전통을 지키기 위해 국방력을 강화하여 서양 제국주의의 침탈을 막자는 것이었다. 그의 상소에 공감한 대원군은 1866년 9월에 위정척사적 내용을 담은 회장(回章)을 발표한 데 이어 1871년에 전국의 각 군현마다 척화비를 세웠다.

이후 노사학파는 성리학의 전통을 지키고 외세의 침략에 항거하는 구국투쟁을 활발히 전개하였다. 이를테면, 병인양요가 일어나자 창평 출신의 이최선은 의병을 일으켜 서울까지 올라갔으며, 정재규는 황준헌의 『조선책략』이 조선에 전해지자 척화소를 올리고 반개화운동을 전개하였다. 특히 한말의 의병항쟁은 기정진의 문인들이 주도하였다. 그 대표적 인물로는 기우만·이승학·기삼연·김용구·정재규·박원영·기재 등을 들 수 있다. 이들이 한말 호남의병의 중추적 역할을 수행했던 것이다. 또한 기정진의 제자 가운데 기우만·오준선·조희제 등은 한말 의병들의 전기를 찬술함으로써 춘추의리론(春秋義理論)에 입각하여 불굴의 항일투쟁사를 후세에 전하였다.

하지만 노사학파의 위정척사운동은 성리학적 지배체세를 고수하기 위한 개혁이라는 점에서 한계가 없지 않다. 그렇다 하더라도 이들의 사상은 위기에 처한 조선을 구하기 위한 반외세·반침략 투쟁의 이론적 기반이 되었으며, 민족의식의 형성과 의병항쟁의 사상적 토대를 제공했다는 점에서 그 의의를 찾을 수 있다.

노사학파의 서양 문물에 대한 관심

노사학파가 외세의 침략을 물리치고자 위정척사운동을 전개할 때 서울에서는 서양의 문물이 크게 유행하였다. 박지원(朴趾源)의 손자였던 박규수(朴珪壽, 1807~1877)는 두 차례의 중국방문을 통해 새로운 변화의 중요성을 깨달았다. 그는 서양의 발달된 기술을 받아들여 외세의 침략에 효과적으로 대응함과 동시에 부국강병을 이루어야 한다는 개화사상을 주장하였다. 박규수의 사랑방에는 서양의 근대적 지식을 적극 수용하려는 젊고 유능한 양반 엘리트들이 모여들었다. 김옥균·홍영식·김윤식·서광범·박영효·유길준 등이 그들로서 흔히 개화파라 불린다.

이에 비해 노사학파의 위정척사운동은 내정을 개혁하기 위해 노력했지만, 세계적인 안목을 키우거나 넓히는 데에는 한계가 뚜렷하였다. 이는, 노사학파의 외세에 대한 비타협적 태도에서 기인한 것이었다. 물론 노사학파의 경우에도 서양 문물을 긍정적으로 인식하는 인물도 있었다. 대표적 인물로는 기정진의 제자였던 김류(金瀏, 1814~1884)를 들 수 있다. 그는 대대로 거문도에 살아온 토박이였지만 기정진의 학문을 사모하여 수백리 바닷길을 마다하지 않고 장성을 여러 차례 방문하여 제자의 예를 다하였다. 그는 고향인 거문도에서 서양 선박의 왕래를 자주 목격하였으며, 서양 선박에 승선한 중국인과의 필담을 통해 세계정세에 대한 의견을 교환하기도 하였다. 그리하여 그는 구미 각국의 존재를 알게 되었고, 그러한 국가들과의 공존 가능성을 부인하지 않았다. 한편으로 그는 외세의 침략에 대비하여 오리모양의 잠수함, 이른바 '부선(鳧船)'의 건조를 구상하기도 하였다. 이는, 그가 거문도 출신으로 외국인과의 필담, 서양 선박의 출현을 익히 보아왔기 때문에 가능하였을 것이다.

물론 전라도에 거주하던 사람들도 서양의 문물을 접할 수 있었을 것이다. 특히 전라도와 제주에 유배와 있던 추사 김정희와 다산 정약용, 그리고 김윤식 등과 빈번하게 교류했던 전라도 인사들은 서양의 문물에 대한 일정한 지식을 갖추게 되었을 것이다. 아마도 이기(李沂)와 나인영(羅寅永) 등이 그러한 인물에 해당되지 않을까 한다. 이기는 일찍부터 서울을 왕래하며 이름을 떨쳤으며, 나인영은 김윤식의 문인으로 활동한 점에서 그러하다. 즉, 이들은 서양 문물의 세례를 받을 자들과의 접촉을 통하거나 거문도 등 도서지역을 통해 서양의 문물을 접하며 개화사상의 싹을 틔웠을 것으로 짐작된다.

■ 참고문헌

안진오,『호남유학의 탐구』, 1996 ; 심미안, 2007.

홍영기, 「노사학파의 형성과 위정척사운동」,『한국근현대사연구』10, 1999.

김봉곤, 「노사 기정진의 사상의 형성과 위정척사운동」,『조선시대사학보』 30, 2004.

박학래, 「노사학파의 지역적 전개양상과 사상적 특징」,『국학연구』15, 2009.

몰락양반이었던 최제우(崔濟愚, 1824~1864)는 1860년에 동학(東學)을 창시하였다. 동학은 평등사상뿐만 아니라 병을 치료할 수 있다고 알려짐으로써 부패와 수탈에 지친 민중들에게 희망의 전령사와 같았다. 교조인 최제우가 처형되었음에도 불구하고 최시형 등 교단의 지도부는 급증한 교인들을 배경삼아 교조의 신원과 탄압의 중지를 공개적으로 요구하였다. 나아가 동학교단과 농민들은 무능하고 부패한 정부 관료와 수탈에 앞장선 향리들의 처벌을 요구하며 저항의 불꽃을 터뜨렸다. 처음 전라도 고부에서 시작된 농민봉기는 전라도 전체로 확산되었으며 얼마 후 전국 각지로 들불처럼 번졌다. 하지만 일본과 청의 군사적 개입으로 농민들의 꿈은 좌절되었으나, 오늘날 동학농민전쟁은 세계사적 민중운동으로 빛을 발하고 있다.

다가오는 말세, 새로운 희망

19세기 말 조선의 수취체제가 무너지면서 정부의 재정은 고갈되었으나 부패하고 탐학한 양반 관료들과 향리들은 거부가 되어갔다. 이 과정에서 농민들의 부담은 이중삼중으로 증가하였다. 농민에 대한 가혹한 수탈은 전라도에 집중되었는데, 그것은 이 지역의 물산이 풍부하였기 때문이다. 이에 따라 전라도에서는 수령과 이서배들의 수취가 날로 심화되었다. 세도정치와 삼정의 문란으로 인한 최대의 피해자가 바로 전라도의 농민들이었다. 또한 전라도의 농민들은 일본과의 교역과정에서도 심각한 피해를 입었다. 그런 까닭에 호남의 농민들은 반일감정이 더욱 고조되었다.

최제우가 창시한 동학은 반침략적 민족의식과 반봉건적 평등사상 그리고 유무상자사상(有無相資思想) 등을 표방함으로써 농민들로부터 크게 환영받았다. 정부의 탄압으로 위축되기도 하였으나, 제2대 교주 최시형은 여러 난관을 극복하면서 경상·충청·강원·전라도 등지에서 세력을 넓혀갔다. 부패한 양반들과 외세의 침탈을 증오하는 농민들이 동학에 다투어 가입하였기 때문이다.

교세를 확대한 동학의 지도부는 먼저 교조신원운동(敎祖伸寃運動)을 전개하였는데, 최제우의 억울한 누명을 벗겨달라는 것이었다. 이는 동학을 합법화함으로써 동학교도에 집중되는 정부의 탄압을 막으려는 의도였다. 당시 각 고을의 수령과 이교(吏校)들은 불법적인 동학을 믿는다며 교인들의 재산을 공공연하게 빼앗았다. 이를 예방하기 위해 동학교인들은 교조신원운동을 전개한 것이다. 1892년 10월과 11월에 공주와 삼례에서 연거푸 집회를 열었는데, 이 자리에는 주로 충청·전라도의 동학교인 수천 명이 참석하여 교조인 최제우의 원통함을 풀어달라고 호소했다.

그럼에도 불구하고 정부의 탄압은 그치지 않았으며, 신앙의 자유를 얻어내지도 못하였다. 이에 동학 교인들은 국왕에게 직접 호소할 계획을 추진하였다. 1893년 2월 약 40명의 동학교인들이 이른바 광화문복합상소사건을 단행하였다. 동학교인의 소요를 우려한 정부는 선처를 약속하고서도 그들이 돌아가자 오히려 강경탄압책으로 일관하였다.

이에 동학교인들은 보다 강력한 실력행사에 들어갔다. 1893년 3

월의 충북 보은과 전북 금구에서 대규모 집회를 개최하였다. 당시 보은집회에는 충청·전라·경상도 각지에서 약 3만 명의 교인과 농민들이 참가했는데, 이들은 교조의 신원을 요구했을 뿐만 아니라 '척왜양창의(斥倭洋倡義)'의 깃발을 내걸어 반외세를 표방하였다. 여기에 전라도의 동학교인과 일반 농민 1만 2천여 명이 참여하여 세를 과시하였다. 한편, 금구집회는 전봉준 등의 주도아래 약 5천명이 모여 부패한 수령과 정부를 비판하였다. 정부의 강력한 위협과 회유에 의해 모두 해산하였으나 이들의 요구가 수그러진 것은 아니었다. 오히려 이때부터 동학교인과 일반 농민들은 정치·사회적인 문제를 더욱 이슈화하였다.

결국 1894년 음력 1월, 전라도 고부의 동학교인과 농민들이 무장봉기를 일으켰다. 이들은 군수 조병갑(趙秉甲)과 이서배들의 갖가지 폭정에 시달려 불만이 고조된 상태였다. 동학지도자였던 전봉준의 주도하에 이들은 흰 수건으로 머리를 동여매고 죽창과 몽둥이를 들고서 부정부패의 주범으로 지목된 조병갑을 비롯한 썩은 벼슬아치들을 내쫓기 위해 관청을 공격했으나 이미 조병갑은 도망하고 없었다. 조선 정부는 사태를 진정시킬 목적으로 안핵사 이용태를 파견했으나, 그는 분노한 농민들을 달래기는커녕 오히려 탄압에 가세하였다. 이에 격분한 전봉준과 손화중 등은 전북 무장에서 보국안민(輔國安民)으로써 죽기를 맹세하는 유명한 포고문을 발표하였다.

오늘날 신하된 자는 보국(報國)은 생각하지 않고 한갓 봉록과 관직만 도둑질하며, 임금의 총명을 가리고 아부와 아첨만을 일삼을 따름이다. 충성으로 간언하는 선비의 말을 요망한 말이라 하고, 정직한 사람을 비도(匪徒)라 한다. 안으로는 보국(輔國)의 인재가 없고, 밖으로는 백성을 학

대하는 관리만 많도다. (중략) 우리는 비록 초야의 유민일지라도 임금의
땅에서 먹고 임금의 땅에서 나는 옷을 입고 사는 자들인지라, 어찌 국가
의 위급함을 앉아서 보기만 할 수 있겠는가. 전국이 마음을 합하고 수많
은 백성들이 뜻을 모아 이제 의로운 깃발을 들어 보국안민(輔國安民)하기
로 사생(死生)의 맹세를 하노니(「취어」, 『동학란기록』상, 142-143쪽)

당시 전봉준 등 동학지도부가 유교적 민본주의 사회의 실현을 꿈
꾸었음을 알 수 있다. 그 걸림돌인 부패하고 타락한 관료들을 제거
하기 위해 죽음을 무릅쓰고 일어났다는 것이다.

보국안민의 깃발 아래

전봉준은 4천명의 농민들을 이끌고 다시 고부를 점령하였다. 아
울러 그는 전라도의 농민들에게 백산에 모이자고 호소하자, 1만여
명의 농민들이 백산에 집결하였다(1894. 음력 3월).

백산에 모인 농민군에 대하여 사람들은 "서면 백산(白山) 앉으면
죽산(竹山)"이라 표현할 정도로 수많은 사람들이 너른 들판을 메웠
다. 농민군이 서있을 때는 백산이 하얀 한복으로 뒤덮였고, 앉으면
죽창으로 둘러싸인 백산의 형태를 빗댄 것이다. 이들은 총대장에
전봉준을 추대하였으며, 호남창의대장소라는 이름으로 보국안민을
표방하며 부패한 정부를 타도하리라 다짐하였다.

1894년 음력 4월 초순, 전봉준이 이끄는 농민군은 황토현에서 전
라도 감영군을 격파한 뒤 전라우도의 서남해안에 위치한 정읍·흥
덕·고창·무장을 거쳐 영광으로 향했다. 영광을 점령한 농민군은
법성포에 보관중인 세미를 징발하여 군량으로 확보하는 한편, 낮에

는 진법을 조련하고 밤에는 동학 경문을 암송하는 등 전열을 가다 듬었다. 이들은 깃발을 앞세우고 창칼을 휘두르며 함평읍을 점령하였다. 약 1주일 동안 함평에 주둔하며 읍폐를 바로잡던 농민군은 음력 4월 하순에 장성을 향해 출발하였다. 장성 황룡에서 관군과 치열한 전투가 벌어졌는데, 농민군은 대나무로 만든 장태를 이용하여 황토현에 이은 두 번째 승리를 맛보았다. 황룡촌 전투의 승리로 말미암아 농민군들은 더욱 사기가 올랐다. 이들은 승리의 여세를 몰아 음력 4월 27일에 전주성을 점령하였다.

장성황룡전적지 승전기념탑

위기감에 휩싸인 정부는 청나라에 군대 파견을 요청하자, 한반도를 둘러싸고 치열한 경쟁을 벌이던 청나라와 일본이 즉각 군대를 파견하였다. 외세의 개입을 우려한 농민군 지도부는 음력 5월 초 전라도 관찰사 김학진과 전주화약을 체결하고서 자진해산하였다. 농민군들은 각자의 고향으로 돌아가 집강소를 중심으로 폐정개혁을 추진하였다. 농민군이 제시한 개혁안은 가렴주구의 탐관오리 숙청과

매관매직 행위의 근절, 수취체제의 개혁, 무역의 불공정행위 금지, 무명잡세의 혁파, 신분차별의 폐지, 동학의 포교 등과 같이 농민들의 해묵은 요구사항들이었다. 집강소 활동기의 각 군현은 유력한 농민군 지도자들을 중심으로 폐정개혁운동을 전개하였다. 예를 들면, 담양의 용구동접(龍龜洞接)과 남원의 화산당접(花山堂接)은 서로 쌍벽을 이루는 강력한 조직을 형성하고서 폐정개혁을 추진하였다.

파랑새 날개 꺾이고, 녹두꽃 스러지다

1894년 후반, 전봉준은 2차 봉기를 준비하였다. 일본군이 경복궁을 점령한데다 청일전쟁을 일으켰기 때문이다. 그는 각 군현의 농민군 조직을 통해 무장봉기 계획을 알렸다. 1894년 음력 9월, 남접의 농민군은 삼례역에 집결하였다가 논산에서 북접군과 합세하였다. 2차 봉기에도 전남의 농민군들이 주력군으로 참여하였음은 물론이다. 영광의 오하영·오시영, 장흥의 이방언, 해남의 김병태, 무안의 배규인, 장성의 기우선, 나주의 오권선, 순천의 박낙양, 고흥의 유희도, 보성의 문장형, 광주의 박성동, 담양의 김중화, 함평의 이화진 등이 북상하는 농민군을 이끌었다. 한편, 손화중·최경선 등은 광주에 주둔하며 일본군의 후방공격에 대비하였다.

전봉준은 음력 10월 하순부터 음력 11월 중순까지 공주의 우금치 일대에서 치열한 공방진을 펼쳤으나 끝내 공주를 점령하지 못하고 말았다. 이를 고비로 각지의 농민군 부대는 급속히 무너졌다. 패산한 농민군을 이끈 전봉준은 전북 태인에서 전열을 정비한 후 관군과 최후의 일전을 펼쳤으나 그마저 실패하고 말았다.

북상하던 농민군이 후퇴하여 전라남도로 유입되어 잔류한 농민군

들과 합세했지만 동요가 적지 않았다. 광주의 손화중은 나주의 오권
선과 힘을 합해 농민군 수천 명을 이끌고 나주 수성군과의 침산·용
진산·선암 전투에서 잇따라 패하여 해산하였다. 당시 나주 목사 민
종렬은 유림과 이서층의 적극적인 협조를 받아 수성군을 조직하여
농민군을 효과적으로 방어함으로써 농민군의 집강소 설치를 저지하
였을 뿐만 아니라 농민군 진압의 근거지 역할을 수행하였다.

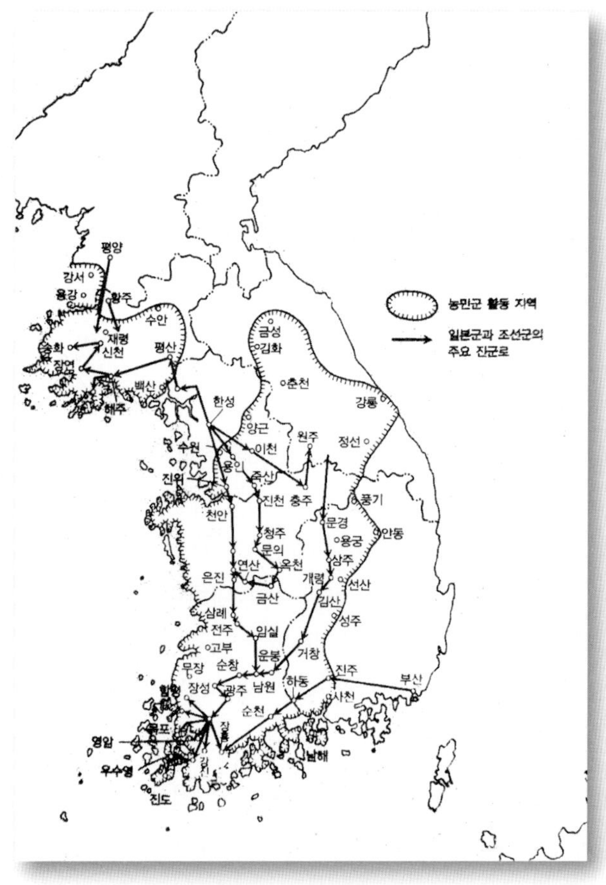

제2차 농민군 활동도

　무안에서는 배상옥과 최장현·김응문 형제 등을 중심으로 집강소 활동을 펼치다가 해산하였다. 함평에서는 이화진과 장옥삼 형제 등이 무안 농민군과 연계하여 활동하다가 처형되었으며, 영광에서는 함평 농민군과 연계하여 활동하다가 서우순·양경수 등이 처형되었다.

　한편, 장흥에서는 이방언의 어산접과 이사경의 자라번접, 그리고 이인환의 관산접이 강력한 활동을 펼치고 있었다. 장흥의 농민군 지도부는 인근 지역에서 합류한 농민군을 받아들여 약 3만 명의 병력을 형성하였다. 이들은 벽사역·장흥부·강진현·강진 병영 등을 차례로 점령하며 농민군의 마지막 거점을 확보하기 위해 노력하였다. 당시 장흥읍성 전투에서 농민군과 관군은 치열한 공방전을 전개하고 있었다. 이때 홀연히 나타나 전투를 이끈 여성이 있었다.

　동학교인(東徒) 중에 여장부가 있었다. 방년 22세로 용모가 성을 무너뜨릴 정도의 미모였다고 한다. 이름은 이조이(李召史)라고 한다. 오래전부터 동학교인으로 활동하며 분주히 말을 타고 다녔으며, 장흥부가 불타고 함락될 때 그녀는 말 위에서 지휘를 하였다고 한다. 일찍이 꿈에 천신이 나타나 그녀에게 오래된 제기(祭器)를 주었다고 한다. 동학교인 모두가 존경하는 신녀(神女)가 되었다(「동도에 여장부 있음」, 『國民新報』, 1895년 3월 5일자).

　마치 프랑스의 잔 다르크를 연상케 하는 이조이라는 여성은 장흥읍성 전투를 지휘하며 승리를 이끌었다는 것이다. 그녀는 이 과정에서 '신녀' 혹은 '신이부인(神異夫人)'으로 불렸다. 얼마 후 체포된 그녀는 나주로 압송되어 잔혹한 고문을 받아 양쪽 허벅지 살이 너덜거리고 악취를 풍기는 목불인견의 상태였다. 이를 보다 못한 일본군 장교가 그녀를 병원에 입원시켜 치료를 받게 했다고 하나 생사여부는 전해지지 않는다. 이 전투에서 관군 측은 장흥부사 박헌양을 비롯한 수성장졸 96명이 죽었으며, 부민 4~5백 명도 함께 희생되었다. 그러나 얼마 뒤인 음력 12월 15일 전후에 벌어진 석대들 전투에서 수많은 농민군이 희생되었다.

해남에서는 김병태가 이끄는 농민군이 진도의 농민군과 연합하여 여러 차례 우수영을 공격하다가 수백 명이 희생되었다. 당시 관군과 일본군이 전라도의 농민군들을 서남부 해안으로 몰아붙여 섬멸하려는 작전을 전개했으므로 해남으로 밀려난 농민군들의 피해가 매우 컸던 것이다. 진도의 농민군은 수성군과 공방전을 벌이다 농민군 지도자 박중진은 자결했으며, 손행권과 김윤선 등은 처형되었는데, 1995년 일본 홋카이도대학에서 진도의 농민군 지도자 유골 6구가 발견된 바 있다.

전남의 동부지역인 순천과 광양에는 전주화약 이후 전북 금구출신의 김인배가 들어와 영호도회소(嶺湖都會所)를 조직, 활동 중이었다. 영호도회소는 순천읍성에 본부를 두고서 현재의 순천·광양·여수시 등을 관할하며 경상 서부지역으로의 진출을 도모하였다. 이들은 호남 동부지역과 영남 서부지역을 총괄하는 의미로서 '영호(嶺湖)'라는 용어를 사용하였다.

구례에서는 전현직 현감 남궁표와 조규하 등이 친동학적 활동을 전개할 정도였다. 구례의 농민군지도자 임정연과 양주신은 남원에서 웅거한 김개남의 지휘를 받아 활동했는데, 이기 등이 이끄는 수성군에 체포되어 처형되었다. 보성에서는 안규복 등이 장흥의 농민군과 연계하여 주로 웅치와 회천을 무대로 활동했으며, 화순은 나주 공격의 후방기지 역할을 했으나 최경선이 이끄는 농민군이 벽송리 전투에서 패배함으로써 일단락되었다.

고흥의 경우에도 접주 유복만은 농민군을 잘 통제함으로써 주민들의 호응을 얻었다. 유복만은 김개남의 측근으로서 남원과 운봉 공격에 앞장선 인물이다. 그는 전세가 불리해지자 고흥으로 돌아왔으나 오준언 등 20여 명과 같이 처형되었다. 나머지 농민군은 살길을 찾아 흩어지거나 장흥의 농민군에 합류하여 석대들 전투에 참여한 자도 있었다.

이처럼 각 지역에서 폐정개혁을 추진하던 농민군은 관군과 일본군의 협공을 받아 처참하게 학살되었다. 각 군현마다 적게는 수십 명에서 많게는 수천 명까지 수많은 희생자가 속출하였으며, 마을 전체가 불에 탄 경우도 적지 않았다. 관군과 일본군의 압도적인 무력 앞에 농민군은 막대한 피해를 입은 것이다. 이로써 1894년 봄에 불붙기 시작한 동학농민전쟁은 1895년 음력 1월경 종식되었다. 한편, 천신만고 끝에 살아남은 농민군은 영학당이나 활빈당 또는 의병으로 전환함으로써 반봉건·반침략운동을 계승하였다.

■ 참고문헌

최현식, 『증보 갑오동학혁명사』, 신아출판사, 1994.

이상식·박맹수·홍영기, 『전남동학농민혁명사』, 전남대학교 출판부, 1996.

조경달, 박맹수 옮김, 『이단의 민중반란』, 역사비평사, 2008.

배항섭, 「동학농민전쟁 연구의 새로운 가능성」, 『동학학보』 19, 2010.

1897년 10월 목포에 전라도 최초로 개항장이 설치된 후, 얼마 지나지 않아 군산도 개항되었다. 두 항구는 유사성이 매우 많은 편인데, 전라도로 통하는 근대화의 항구이자 식민도시로서의 수탈적 양상을 보여주는 양면성이 공존하는 도시이다. 교통망은 변화를 상징하는데, 철도와 신작로는 식민정책과 식민문화의 통로 역할을 충실히 반영하고 있다. 서양문화의 상징인 개신교가 이 땅에 수용되는 과정과 전통문화의 상징인 신종교의 의미는 무엇일까.

'목포는 항구다'

'조용한 아침의 나라'로서 쇄국정책을 견지해온 조선은 1876년 강화도조약의 체결로 문호를 개방하였다. 국제정세에 어두웠던 조선은 일본과 불평등조약을 체결함으로써 일본의 경제적 침탈을 스스로 열어주었다. 이에 따라 인천을 비롯한 3개 항구에 개항장이 설치됨으로써 외국 선박들은 자유롭게 출입하며 교역을 할 수 있게 되었다. 외국과의 조약이 체결될 때마다 개항장은 계속 늘어났다. 개항장의 최고행정권자인 감리(監理)는 개항장과 연관된 모든 사무를 담당했다. 일본을 비롯한 구미 열강들은 개항장을 중심으로 자국의 정치·경제적 영향력을 확대하기 위해 노력함으로써 개항장은 외세 침략의 발판으로 이용되었다.

이 과정에서 전라도의 최초의 개항장은 1897년 10월 1일 목포에 설치되었다. 일제는 일찍부터 목포의 개항을 요구하였다. 일제가 목포항을 주목했던 배경은 다음과 같다.

위와 같이 목포는 나주평야의 풍부한 농산물과 서남해안의 풍부한 수산자원을 영산강 수운을 통해 유출시키고, 일제의 값싼 공산품을 전라남도 내륙지역에 판매하는 물류기지로 활용하기에 가장 좋은 조건을 구비한 항구다.

하지만 목포의 개항은 대한제국 정부가 자율적으로 추진한 것이었다. 당시 대한제국 정부는 근대화와 부국강병책을 추진하기 위한 재정수입원으로 개항장을 주목하였다. 개항장의 무역을 통해 관세수입을 늘리거나, 관세가 차관 도입 시 담보 설정의 근거가 될 수 있다는 데 착안한 것이다. 군산항의 경우에도 그러한 배경 하에 1899년 5월 1일 개항장이 설치되었다. 재정수입을 늘리려는 대한제국 정부와 자국으로 값싼 쌀을 가져가려는 일본의 이해가 맞아 떨어졌기 때문에 목포와 군산은 개항장으로서 매우 빠르게 성장하였다.

일제강점기의 군산세관

　이 과정에서 목포항과 군산항의 무역은 미곡 수출과 서양산 면포수입 위주로 이루어졌고, 이는 대한제국이 미면교환체제(米綿交換體制)라는 저개발형 통상구조로서 세계자본주의 시장에 종속되었다는 의미였다. 물론 미곡 수출의 증가는 지주와 상인층이 자본을 축적한 반면, 곡가 앙등을 초래하여 도시 빈민과 빈농들의 경제적 궁핍을 가중시켰다. 하지만 군산항과 목포항의 무역액은 1930년대 이후 줄곧 하향곡선을 그렸다. 즉 1935~1938년 사이에 군산항의 전체 수출액 백분비가 11.5%에서 7.1%로, 수입액 백분비는 3.6%에서 2.5%로 감소하였다. 같은 시기 목포항의 경우에도 수출액 백분비는 5.3%에서 4.6%로, 수입액 백분비는 2.4%에서 1.9%로 떨어졌다. 1938년 목포항의 수출액은 4천만 원을 조금 넘었으며, 수입액은 2천만 원이 채 못 되었다. 다시 말해 일제가 만주침략과 중일전쟁을 도발함으로써 한반도의 남방 항구의 중요성은 감소되고 북방 항구의 중요성은 증가했던 것이다.

　한편, 개항장으로서의 목포와 군산은 전통사회와는 전혀 다른 새로운 세계여서 새로운 가능성을 찾으려는 사람들로 북적였다. 개항 장을 통해 서양의 다양한 근대문물과 기독교 문화뿐만 아니라 일본 의 문화도 유입되었다. 특히, 목포의 경우 전라남도에서 선교사에 의 한 기독교가 가장 먼저 전파되었고, 그들에 의해 근대적인 학교도 세 워졌으며 서양의 근대의술도 전파되었다. 이에 질세라 객주들도 회 사와 학교를 설립하여 자주적인 근대화를 이루기 위해 노력하였다.

그러던 중 을사늑약이후 목포의 주도권은 점차 일본세력으로 넘 어갔다. 일제가 전라도를 원료공급지와 상품의 소비시장으로 구축 하기 위해 본격적인 사업을 추진했기 때문이다. 동양척식주식회사 를 비롯한 일본의 농업자본이 영산강 유역의 광대한 토지를 사들여 농장을 만들기 시작하면서 일본인 농업 이민이 물밀 듯 유입되었 다. 이러한 상황은 1910년 이후 더욱 본격화되었다. 즉 육지면과 뽕 나무 재배가 강요되었으며, 호남선 부설과 목포-광주 간 도로개설 이 토지의 강제수용과 강제부역으로 추진된 것이다.

식민지하의 목포는 양면성을 지니고 있었다. 1930년대 중반 목포 에는 1만 명의 일본인들이 지배세력으로 군림하면서 식민지 수탈의 근거지로서 목포라는 도시를 변화시켜갔다. 반면, 7만여 명의 조선 인들은 피지배층으로서 수탈에 저항하거나 굴종하며 살아야만 했 다. 따라서 목포는 명암과 영욕이 함께한 이중적 역사라 할 수 있 다. 저항과 체념, 타협과 불만이 혼재된 목포의 사회적 분위기를 가 수 이난영은, "영산강 안개 속에 기적이 울고 / 삼학도 등대아래 갈 매기 우는 / 그리운 내 고향 목포는 항구다"라고 노래했다.

기찻길과 신작로에 묻힌 조선인의 피와 땀

목포는 호남선 철도의 종착역이자 국도 1·2호선의 기점이기도 하다. 전라남도의 근대적 교통망은 일제에 의해 추진되었다. 일제는 대륙침략과 식민지배를 위해 한반도를 관통하는 철도를 건설하여, 1905년과 1906년에 각각 경부선과 경의선을 완공하였다. 이와 동시에 일제는 개항장과 주요 도시를 연결하는 도로망을 본격적으로 건설하였다. 1906년부터 통감부의 주도로 신작로 건설사업에 착수했는데, 전라도에서는 1907~1908년 사이에 군산-전주 간 등 7개 노선의 도로 공사가 시작되었다.

일제는 1914년에 대전-목포 간 호남선 철도를 완성하였다. 1910년에 시작하여 4년 만에 완공됨으로써 철도교통의 기본축이 형성되었다. 이후 광주와 송정리 사이에 철도지선도 건설되었으며, 광주-순천(1930), 익산-여수의 전라선 철도(1936)가 완공됨으로써 전남지역 철도교통망의 주요 간선이 완비되었다.

이와 함께 일제는 철도와 신작로의 연결, 그리고 주요 간선도로의 건설에 치중하였다. 1907년부터 광주-목포 도로 공사에 착수하여 1910년에 개통하였다. 전주-순천(1913), 광주-담양(1917), 광주-화순(1917), 광주-보성(1923)순으로 도로를 완성했는데 광주와 목포를 중심축으로 하는 도로건설에 치중하였다. 특히 일제는 호남평야와 나주평야에서 생산된 쌀을 쉽게 운반하기 위해 군산과 목포로 연결되는 신작로 공사를 최우선적으로 진행하였다. 새롭게 형성된 교통망은 식민지 행정중심지인 광주를 중심으로 사방팔방으로 펼쳐졌으며 도로의 종착점은 군산과 목포 등 항구도시였다. 이는 조선시대 대로들이 한양을 겨냥하여 남북방향으로 중심축이 형성되는 것과 대조를 이룬다.

신작로를 건설하는 과정에서 제국주의적 폭력성이 가장 잘 드러나는 사례가 현재의 국도 2호선에 해당하는 해남-하동 도로이다. 이 도로공사에는 주로 의병들이 건설했다하여 '폭도도로'라 알려져 있다. 이 도로는 '남한폭도대토벌작전(1909. 9~10)' 기간에 체포되거나 자수한 의병 가운데 '죄질'이 비교적 가벼운 의병 훈방자 6백여 명이 강제동원되었다. 이들은 '특수노동자(특수인부)'로 불렸으며, 60명당 순사 3명을 고정 배치하여 도망하는 경우에는 총살도 서슴지 않았다. 공사기간은 2년 정도 소요되었으며, 21만여 원의 건설비를 투입하여 이 도로를 건설하였다. 일제는 공사 과정에서도 강압과 폭력을 동원하였다. 예컨대, 도로부지에 편입된 토지의 경우 토지소유자로부터 땅을 강제로 빼앗았다. 또한 도로공사 부근의 민가를 공사현장 관계자의 숙소로 사용하기 위해 강제로 징발하였다. 이처럼 국도 2호선 건설 과정에서 적지 않은 비행이 발생했는데, 이 공사에만 해당된 일은 아니었을 것이다.

하늘의 부름을 받는 길

길은 지상에만 있는 것이 아니다. 하늘로 가는 문을 찾으려는 사람들도 많았다. 특히 개신교 선교사들은 전라도에 하느님의 말씀을 전파하기 위해 고행을 사처하였다. 미국의 남장로교회 선교부는 1893년 전주에 선교부의 설치를 시작으로 전라도 선교를 본격화하였다. 동학농민전쟁이 발발하여 일시 선교를 중지하기도 했지만 선교사업은 꾸준히 확대되었다. 초기에는 선교사들이 전주를 비롯한 광주·순천·군산·목포 등 주요 도시를 중심으로 선교활동을 벌였으나, 차츰 내륙 깊숙한 산간벽지까지 이른바 복음을 전파하였다.

이들은 선교활동을 통해 신자를 확보하며 교회를 세웠다. 한편으로는 진료소와 병원을 건립하여 주민들의 질병을 돌보았으며, 가난한 젊은이들을 데려다 신학문을 가르쳐 주기도 하였다. 이러한 활동이 체계화됨으로써 지역을 대표하는 학교와 병원으로 성장하였다. 예컨대, 전주의 신흥학교·기전여학교·예수병원, 군산의 영명학교·구암병원, 목포의 영흥학교·정명여학교, 광주의 숭일학교·수피아여학교·광주제중원, 순천의 매산학교·매산여학교·안력산병원, 나환자를 치료하고 돌본 여수의 애양원 등이 대표적인 예이다. 전라도 각지에서 활동한 벨(E. Bell)·오웬(C. Owen)·코이트(R. Coit)·윌슨(R. Wilson)·레이놀즈(W. Reynolds)·린튼(H. Linton) 등 수많은 선교사들은 가족과 심지어 자신들의 목숨을 잃은 경우도 있었다. 이들은 근대문물과 서양문화의 이해에 도움을 주었을 것이며, 각 지역마다 신자들이 폭발적으로 늘어났다는

선교사가 세운 순천의 진료소와 학교

사실에서 이들의 헌신적 사랑을 확인할 수 있다.

흔히 민족종교라 불리는 신종교 가운데 대종교와 원불교는 전라남도와 밀접한 연관이 있다. 대종교의 창시자 나철을 비롯한 대종교의 주요 이론가들이 전남 출신이라는 점에서, 그리고 원불교는 창시자 박중빈이 영광 출신이라는 점에서 그러하다. 일제강점기 전라도의 민중들은 조선왕조의 몰락과 일본의 지배 등으로 말미암아

정신적 트라우마가 심각하였다. 이때 나철은 대종교(大倧敎)를 창시하여 단군을 국조로 받들고서 강력한 민족주의를 표방하며 종교적 구국운동을 전개하였다. 이에 일제가 대종교를 박해하자 그는 1916년 황해도 구월산에서 순교하였다. 나철의 뒤를 이은 김교헌은 대종교의 총본사를 만주로 옮겨 적극적인 포교활동과 더불어 독립운동을 전개하였다. 당시 상당수의 독립운동가들이 대종교를 신봉했는데, 대표적 인물로는 박은식·김좌진·서일 등을 들 수 있다. 이들이 주도한 독립운동 단체로는 중광단과 북로군정서가 유명하다. 하지만 대종교 지도부가 교단을 만주로 옮겨감으로써 전라도 민중과는 직접적인 연계를 갖지 못했다.

한편, 원불교(圓佛敎)는 1916년 4월 영광에서 박중빈(朴重彬, 1891~1943)에 의해 창시된 신종교이다. 박중빈은 깨달음을 얻은 후 소수의 제자들과 함께 저축조합운동·영산방언공사·혈인기도(血印祈禱)를 통해 교단 창립의 기틀을 세웠다. 저축조합운동은 근검저축·허례폐지·미신타파·금주단연·공동출역 등의 새생활운동을 말한다. 영산방언공사는 박중빈의 고향마을 앞 갯벌을 막아 농토로 개간한 간척사업을 의미한다. 그리고 혈인기도는 무아봉공(無我奉公)의 정신을 기르기 위한 기도운동이다.

1919년 후반 박중빈은 전라북도 부안에서 원불교의 교리와 교단제도를 제정한 다음, 1924년 전라북도 익산에서 처음에는 '불법연구회'라는 이름으로 교화사업을 시작하였다. 이 명칭은 1948년 '원불교'라는 정식 교명을 제정할 때까지 사용되었다. 그는 불교를 근본으로 삼아 종교개혁·인간개혁·사회개혁을 추구하였다. 그는 '물질이 개벽되니 정신을 개벽하자'는 슬로건을 내걸고서 생활종교운동을 전개했다. 그는 1924년부터 약 20년간 교리와 제도의 제정, 각종 교서의 편찬, 제자들의 훈련, 교세의 확장에 주력했다. 원불교의 기본교리는 우주와 인생의 근본 질서를 일원상(一圓相)이라 하고 일원상의 진리를 신앙의 대상과 수행의 표본으로 삼고 있다.

일제강점기의 원불교는 국민계몽과 농촌생활향상에 주력했다. 이를 위해 산업부를 두고서 과수원 경영, 야채·약초·묘목 재배, 양계·양돈·양토(養兎) 등의 축산업으로써 경제적 자립을 실천한 것이다. 해방 후 원불교는 교화·교육·자선의 3대 사업을 실천하며 종교의 새로운 면모를 보여주고 있다.

■ 참고문헌

배종무, 『목포개항사연구』, 느티나무, 1994.
윤이흠, 『한국종교연구』, 집문당, 1991.
박찬승 편, 『목포개항백년사』, 사단법인 목포백년회, 1997.
이기훈, 「일제하 전라남도 육상교통망 형성과 일상의 변화」,『지방사와 지방문화』13권 2호, 2010.

4. 일제의 침략과 호남의병

　한말의 의병전쟁은 일제의 침략이 가중될수록 더욱 격화되었다. 전기의병은 1894년 7월 일본군의 경복궁 불법점령과 1895년 10월과 12월에 각각 자행된 명성황후시해사건과 단발령, 그리고 이듬해 2월에 일어난 아관파천 등으로 촉발되었다. 일본의 국권침탈이 계속 이어지자 1904~5년을 전후하여 중기의병이 봉기하였고, 1907년 7월 이후 일제가 자행한 고종의 강제퇴위와 군대해산 등에 의해 전국은 바야흐로 후기의병의 소용돌이에 휩싸이게 되었다. 그리하여 한말 의병은 1915년 무렵까지 활동함으로써 약 20년 동안 일본의 제국주의 침략에 맞서 투쟁하였다. 따라서 한말의 의병항쟁은 '독립운동의 도화선'이라 일컬어진다.

유생들, 붓을 던지고 칼을 들다

　전라도에서는 1895년 겨울부터 의병을 일으킬 준비에 들어갔다. 일본정부가 불량배들을 동원하여 명성황후를 잔혹하게 살해한 사건을 자행한 데다, 우리 국민들에게는 상투를 자르라는 단발령을 내렸기 때문이다. 이에 격분한 전라도 의병들은 고종이 러시아공사관으로 피신한 아관파천을 전후한 시기에 일어나 약 석 달 동안 활동하였다. 당시 전라도 최초로 의병을 일으키기 위해 앞장선 인물은 장성출신의 기우만(奇宇萬, 1846~1916)이었다. 그는 기정진의 손자이자 제자였는데, 노사학파의 절대적인 지지에 힘입어 의병을 일으킨 것이다.

기우만 등이 전라도 각지에 글을 보내어 의병에 동참해줄 것을 호소하자, 나주 등지의 양반 유생들이 곧바로 응답하였다. 나주의 적극적인 지지 표명에 힘입어 기우만은 장성향교를 본거지삼아 수백 명의 의병을 불러 모았다. 1896년 음력 2월 초순, 기우만 등은 의병을 이끌고 나주로 출발하였다. 나주는 동학농민전쟁 당시 농민군의 파상적인 공격을 막아낸 곳인데다 군사적 요충지였기 때문이다.

나주에서는 유생들과 향리들을 중심으로 개화파 관료인 나주관찰부 참서관 안종수 등을 처단하고서 의진 결성에 한창이었다. 수백 명의 군세를 형성한 이학상과 정석진 등은 임진왜란 당시 의병장으로 활약한 김천일(金千鎰) 의병장의 사우고지(祠宇故址)와 나주의 진산(鎭山)인 금성산 금성당(錦城堂)에서 창의(倡義)를 알리는 제사를 올렸다.

당시 전라도 의병을 결집시킨 장성과 나주의 의병 지도부는 각각 호남대의소, 나주의소를 결성하고서 근왕(勤王)하기 위해 서울로 올라갈 준비에 분주하였다. 이어 장성의병이 이끄는 호남대의소는 광주로 이동하였는데, 광주가 호남의 중심지로서 각지의 의병들이 집결하는데 편리하였기 때문이다. 나주의소는 나주에 주둔하며 호남지역 방어에 대비하였다.

이들이 광주와 나주에서 각각 전열을 정비하고 있을 때 고종의 해산조칙을 소지한 선유사(宣諭使)가 광주에 파견되어 왔다. 선유사로 내려온 신기선(申箕善)은 전라도 지역의 의병을 주도하는 의병장 기우만에게 국왕의 명령을 내세워 해산을 종용하였다. 결국, 선유사 신기선의 지시에 따라 광산관(光山館)에 집결한 호남의병은 눈물을 머금고 해산할 수밖에 없었다. 한편, 나주의소를 이끌었던 의병 지도부는 큰 희생을 치렀다. 예컨대, 나주의병을 실질적으로 주도한 해남군수 정석진은 나주로 압송되어 효수되었으며, 김창균·김석현 부자, 영광에서 합류한 정상섭 등도 베임을 당했다. 이들이 모두 향리출신이어서 더욱 가혹한 처벌을 받았을 것이다.

이와 같이 1895년 말부터 1896년 초까지 활동한 호남의병은 북상을 앞두고 해산하였다. 이들은 반개화 반침략적 근왕의병으로 활동하다가 국왕의 해산조칙이 내려지자 해산하는 한계가 없지 않았다. 하지만 을사조약이 강제로 체결되자, 이들은 다시 의병에 투신함으로써 대일항쟁의 확산에 기여하였다.

일제의 국권침탈이 가속화하자 의병봉기가 재연되었다. 이를테면 1904년 8월에는 제1차 한일협약이 체결됨으로써 일본인들이 한국에 들어와 내정을 간섭하였다. 1905년 11월에는 을사조약이 강제로 조인되어 한국은 외교권을 박탈당함으로써 반식민지로 전락하고 말았다. 이에 격분한 우국지사들이 매국노 이완용을 비롯한 '을사5적'의 처단에 나섰는데, 전라도 출신의 기산도·나인영 등이 주도하였다.

기삼연과 고광순 등은 다시 의병봉기를 모색하였다. 기삼연은 '꿈에서도 왜놈을 토벌하는 시를 짓고, 취한 상태에서도 왜적을 토벌하는 격문을 지었는데 권(卷)이 되고 축(軸)이 되었다'라고 할 정도로 반일의식이 강하였다. 이들 외에도 최익현·백낙구·양회일 등이 의병을 일으켰다. 특히, 최익현(崔益鉉, 1833~1907)은 '포고팔도사민(布告八道士民)'이라는 글로써 전라도의 의리정신을 크게 고무시켰다. 그는 일본 제국주의의 침탈을 구체적으로 지적하는 한편, '을사오적'의 처단 등을 주장하였다. 다시 말해 그는 성리학적 명분론을 추구하기 보다는 민족적 자각과 국가의 보존을 강조했던 것이다.

최익현과 임병찬의 주도로 일어난 태인의병은 1천여 명의 군세를 자랑하며 한때 기세를 올렸으나 열흘도 못되어 패진하고 말았다. 최익현과 임병찬은 대마도에 감금되었다가 최익현은 그곳에서 순절하였다. 이후 그의 뜻을 이으려는 사람들이 크게 늘어났는데, 백낙구·고광순·강재천 등이 대표적인 인물들이다.

쌍산의소 막사터 전경

특히 백낙구는 앞을 보지 못하는 맹인의 처지였음에도 불구하고 의병에 투신하였다. 1906년 11월, 그는 구례와 광양을 중심으로 3천리 강토와 2천만 동포를 구하기 위해 의병을 일으켰노라고 천명하였다. 비록 눈이 멀어 보지 못할지라도 국가와 민족을 위한 구국의 일념으로 반일투쟁 대열에 뛰어든 것이다. 그리하여 그는 한말의 수많은 의병 가운데 유일한 맹인 의병장으로 활약하다가 순국하였다.

또한 화순 출신의 양회일은 가산을 털어 수백 명의 의병을 모아

쌍산의소를 조직하여 능주·화순·동복 등지를 점령한 후 광주를 공격하다가 의병장 양회일을 비롯한 지도부 일부가 체포됨으로써 해산되고 말았다. 하지만 체포를 모면한 의병들이 다른 의병부대에 합류하거나 새로운 의병부대를 조직하여 항일투쟁의 전면에 나섬으로써 호남의병의 확산에 크게 기여하였다.

머슴까지 의병대열에 앞장서다

1907년 후반 이후에는 전국 어느 곳이나 의병전쟁의 무대가 아닌 곳이 없었다. 그중에서도 후기의병의 중심지는 단연 전라도였다. 전라도 의병의 활동에 대해서는 역사가이자 독립운동가인 박은식(朴殷植, 1859~1925)이, "대체로 각 도의 의병을 말한다면 전라도가 가장 많았는데, 아직까지 그 상세한 사실을 얻을 수 없으니 후일을 기약한다"며 높이 평가하였다. 실제로 전라도 의병활동은 1908년 교전회수와 교전의병수에서 각각 25%와 24.7%, 1909년에는 각각 47.2%와 60%를 차지할 정도로 단연 압도적이었다.

이처럼 1908년 이후 전라도는 의병항쟁의 중심지가 되었다. 특히 기삼연과 고광순의 의병활동이 기폭제의 역할을 하였다. 기삼연은 1907년 10월에 장성의 수련산에서 호남창의회맹소를 결성하여 후기 의병의 활성화에 크게 기여하였다. 고광순은 지리산근거지론을 표방하며 지리산을 중심으로 한 장기항전 전략을 수립하였다. 그러나 고광순과 기삼연이 잇달아 순국하자 이들의 의병정신을 본받으려는 새로운 의병장들이 다양한 계층에서 등장하였다.

김준·김율 형제, 양진여·상기 부자, 김동신, 전해산, 심남일, 안규홍, 이석용, 문태서, 임창모, 조경환, 황준성, 이기손 등을 꼽을 수

'남한폭도대토벌작전' 때 붙잡힌 한말 호남의병장들

있다. 이 중에는 지식이 풍부한 유생도 있으며, 중인에 속하는 인물 뿐만 아니라 머슴에 이르기까지 다양한 신분이 혼재되어 있다. 예 컨대, 김준과 김율·전해산·이석용·심남일 등은 유생, 김동신과 임창모는 중인, 안규홍은 머슴출신이었다.

김준은 동생 김율과 함께 호남창의회맹소의 대장 기삼연의 뒤를 이었다. 김준 등이 이끈 의병부대는 결사항전의 의지를 불태우며 나 주·함평·광주 등지에서 활발한 유격투쟁을 전개하였다. 1908~1909년 전남지역의 경우, 전해산은 영광·함평·나주 등 주로 서부지역에 서, 심남일은 함평과 강진을 축으로 하는 남부지역에서, 안규홍은 보 성·순천·광양 등의 동부지역에서, 황준성은 해남·완도 지역에서 각각 눈부신 반일투쟁을 전개하였다. 한편, 전라북도에서는 이석 용 의병부대가 진안과 임실에서, 무주·장수 등 전북의 동북 산간 지대에서는 문태서 의병부대가 돋보이는 활동을 보였다. 호남지역 의 의병들은 일제의 이른바 '남한폭도대토벌작전(南韓暴徒大討伐作 戰 : 1909. 9~10)'이 실시될 때까지 불굴의 항전을 계속했다.

의병들은 어떻게 싸웠을까

전라도의 의병들은 먼저 화승총의 개조와 신무기의 확보를 통해 투쟁역량을 강화해갔다. 의병들이 직접 무기를 제작하거나 개조하는 과정에서 무기의 성능이 점차 개선되었다. 뿐만 아니라 의병들은 일본군으로부터 노획한 신무기를 사용하거나, 해안을 통하여 신식총을 밀수하기도 하였다. 청나라 상인들을 통해 총기를 몰래 수입했는데, 당시 총기 가격은 상태에 따라 1정당 50~100원, 화약은 1근에 5~7원, 탄환은 1백발 당 5~10원에 거래되었다.

다음으로 의병의 전술이 정면공격에서 유격전술로 전환하였다. 초기 의병들은 주로 정면공격을 시도하여 거점을 확보한 후 북상하는 이른바 '북상지계(北上之計)'를 추진하였다. 이에 반해 1907년 이후의 의병들은 지형지물을 이용한 유격전술로 일제 군경과 맞서 싸웠다. 이와 같은 전라도 의병의 활동에 대해 일제는, "우리와 충돌을 거듭함에 따라 적은 그 행동을 실험하여 근래에 이르러 교묘히 지형을 이용하여 기습을 행하고 그 이합집산의 모양이 진보한 것 같다"고 평하였다.

또한 이들은 의진간의 연합전선을 강화해갔다. 이들은 "무릇 일은 합치면 강해지고 분열되면 약해지는 것이다 … 이로부터 일이 있을 때는 합치고, 일이 없을 때는 나뉘었다"라고 있듯이, 의진간의 연합투쟁이 확산되었다. 그리하여 1908년 겨울 전라남도에서 주로 활동하던 11개의 의병부대가 전해산 의병부대를 중심으로 연합하여 호남동의단(湖南同義團)을 결성하였다. 이로써 호남의병은 연합투쟁 내지 공동전선을 형성함으로써 상당한 성과를 거두기도 하였다.

끝으로 지역 주민과의 유대를 강화함과 동시에 국내의병기지의 건설을 추진하였다. 초기의 의병들은 주민과의 관계에 별로 주목하지 않았으나, 평민출신 의병장들이 등장하면서 주민 보호에 적극적이었다. 예컨대, 머슴출신 의병장 안규홍에 대해, "전라남도 통신을 거한즉 보성군에 사는 담사리라 하는 안모가 의병을 많이 모집하여 그 고을에 두류하나 백성에게는 침범하는 일이 추호도 없다"는 기사로써 그러한 사실을 짐작할 수 있다. 나아가 의병들은 주민들을 괴롭히는 가짜 의병과 부호의 토색, 관리의 가렴주구 등을 해결해주었으며, 주민들은 의병들에게 숙식과 정보를 제공해주기도 하였다. 그리하여 전라도는 의병의 장기항전의 주무대가 되었던 것이다.

한편, 전라도 의병들은 이른바 '근거지계' 즉, 장기항전을 위한 의병기지의 건설을 추진하였다. 특히 고광순과 이석용 등이 지리산을 의병 기지로 주목하였다. 이는, 중부이북의 의병들이 이른바 '북계책(北計策)' 즉, 만주 및 연해주에 의병기지의 건설을 추진한 것과 비교된다. 지리산을 무대로 활동하던 의병들은, "지리산 가운데 인적이 없는 곳에 가옥을 구축하고 장벽이나 방책을 만들고 식량을 비축하여 영구지책을 강구"하였던 것이다. 이처럼 국내의병기지의 건설은 향토를 수호하려는 전라도 의병들의 전략과 표리를 이룬 것이라 하겠다.

전라도의 산과 들, 의병의 피로 물들다

친일정권과 일제는 강경책과 회유책을 병행·구사하며 의병의 진압에 혈안이 되었다. 이를테면 선유사와 선유위원을 파견하여 의병의 해산과 귀순을 종용하면서 해산하거나 귀순하면 불문에 부치겠노라 공언하였다. 또한 그들은 주막이나 마을 어귀에 선유문을 게시하거나 친일단체인 자위단의 창설을 지원하고 의병의 동태를 보고하는 등의 활동을 벌였다.

또한 일제는 군대와 헌병 및 경찰력을 꾸준히 증강·배치하여 적극적인 의병진압정책을 펼쳤다. 군대의 경우 이미 조선에 배치된 2개 사단 외에도 1908년 5월에 2개 연대 총 1,600명을 증파하였으며, 1909년 6월부터 여단 규모의 임시한국파견대가 전라도에 배치되었다. 헌병의 경우에도 1907년 10월 현재 200명의 규모였으나, 다음해 9월 현재 6,500명(헌병보조원 포함)으로 크게 증가했다. 당시 일제는 한국인 부랑자들을 모집하여 헌병보조원으로 채용하였는데, 4,000여 명을 선발하여 의병진압에 투입하였다. 그밖에 일본인 경찰병력만 하더라도 1907년 6월 현재 1,000여 명을 상회하였다. 이와 같이 일제는 군사력과 헌병·경찰력을 증강시켜 의병의 진압에 적극 나섰던 것이다.

그럼에도 불구하고 1908~1909년에 걸쳐 호남의병의 투쟁의 불길은 거세게 타올랐다. 이에 맞선 일제는 일찍이 유례가 없었던 대규모의 군사작전을 감행하였다. 흔히 교반적(攪拌的) 군사작전으로 알려진 일제의 야만적인 초토화작전은 전북 부안－임실－남원을 거쳐 광양을 잇는 섬진강 이서(以西) 지역과 남해안의 도서 지역에 집중되었다. 전라도 의병들은 끝까지 저항하였으나 일제의 강력한 군사력을 당해낼 수 없었다. 그 결과 다수의 의병장을 비롯한 500여 명의 의병이 전사하였고, 체포되거나 자수한 의병의 숫자는 무려 3천 명이나 되었다. 그 가운데 이른바 '죄질'이 비교적 가벼운 훈방자 600여 명을 징발하여 신작로 건설에 투입하였다. 일제는 이 도로를 '폭도도로'라 불렀는데, 현재의 국도 2호선 중에 해남－하동 구간이다.

이와 같이 강고한 투쟁역량을 자랑하던 호남의병은 처참한 희생을 치르며 종식되었다. 당시 큰 타격을 입은 이들이 독립군으로 전환되지 못한 아쉬움이 없지 않다. 그러나 전라도 의병들은 민족해방운동의 선구적 역할을 다하였으며, 비밀리에 독립의군부와 임자밀맹단, 광복회 등을 결성하여 1910년대 독립운동으로 전환되어 갔다.

■ 참고문헌

홍순권,『한말 호남지역 의병운동사 연구』, 서울대출판부, 1994.
홍영기,『대한제국기 호남의병 연구』, 일조각, 2004.
홍영기,『한말 후기의병』, 독립기념관, 2009.

　민족 최대의 독립운동인 3·1운동은 6·10만세운동, 광주학생독립운동과 함께 3대 민족해방운동으로 불린다. 일제의 무단통치에 항거하기 위한 광주－전남의 만세시위는 1919년 3월 10일 광주에서 시작되어 각지로 확산되었다. 만세시위를 주도한 계층은 기독교인·천도교인·유림·청년 학생들이었는데, 특히 농민들과 보통학교 학생들이 많이 참여하였다.

아이의 울음도 그치게 하는 헌병경찰

　일제의 1910년대 식민정책은 흔히 무단통치라 하여 헌병경찰제도를 근간으로 한 것이다. 이 제도는 헌병이 일상 경찰업무를 담당한 것을 특징으로 한다. 헌병부대 책임자가 경찰관서의 장을 겸임하였고 헌병경찰은 첩보의 수집과 범죄자의 즉결처분을 비롯하여 민사소송의 조정과 일본어의 보급 등 시시콜콜한 사항까지 간섭할 수 있는 실로 막강한 권한을 지녔다. 이처럼 폭압적인 무단통치에 의해 계몽운동 계열의 온건한 민족운동세력마저 대부분 구속되었으며(신민회사건), 일부 소수의 세력은 비밀결사 형태로 지하로 잠복하거나 해외로 이동하였다.

　일제의 식민지 경제정책은 경제 수탈에 그 목적을 두었다. 이를 위해 일제는 토지조사사업(1910~1918)을 전개했는데, 토지 소유권의 확정·등기제도의 확립·소유권에 기초한 지세제도 정비 등을 명분으로 내세웠다. 하지만 이 사업은 총독부 소유지를 확보하여 식민지배의 경제적 기반을 조성할 목적이었으므로 조선의 토지약탈에 초점이 맞추어진 것이었다. 그 결과 소유관계가 애매한 역둔토를 비롯한 농경지 272,000정보가 국유지로 편입되었고, 임야의 경우에는 약 1,300만 정보가 총독부 소유지로 둔갑하였다. 국유지로 편입된 농경지는 조선총독부와 동양척식주식회사를 통해 일본인 이민자와 자본가에게 싼 값에 불하됨으로써 1915년에 이미 일본인이 소유한 농경지가 약 17만 정보로 급증하였다(1909년보다 약 40배 증가). 아울러 과세지 역시 급증하여 지세수입이 거의 2배나 증가함으로써 일제는 안정적인 식민지배의 경제적 토대를 마련하였다.

조선의 농업도 역시 일제의 수탈구조에 종속되었다. 일제는 조선을 쌀과 면화, 누에고치 등과 같은 농산물의 생산기지로 삼았다. 아울러 일제는 철도와 도로, 항만을 조선에 건설하였다. 이는 일본과 조선의 주요 지점을 연결하여 조선의 정치·군사적 지배망을 확대하는 동시에, 일본 상품의 반입과 조선의 원료·식량 반출의 효율성을 높이기 위한 것이다. 또한 조선의 민족자본을 억압하는 수단으로 회사령을 활용하였고, 연초세와 주세 등 각종 잡세를 신설·인상하여 조세 수탈을 강화하였다. 그리하여 토지를 잃은 농민들은 소작민이나 화전민으로 전락했으며, 토막민이라 불리는 도시 빈민이나 해외 유민으로 흘러들어갔다. 한편, 도시에 거주하는 노동자들의 노동조건도 극히 열악하였는데, 특히 일본인과의 차별임금제에 대한 불만이 누적되어 종종 파업으로 표출되었다. 이처럼 1910년대 국내의 상황은 모든 기본권을 박탈당한 칠흑 같은 어둠이 짙게 깔려 있었던 것이다.

두려움에 떨던 민중, 장터에 모여 만세 부르다

1918년 11월 제1차 세계대전이 종식됨으로써 미국 중심의 자본주의체제와 소련중심의 사회주의체제로 양분되었다. 이 과정에서 윌슨의 민족자결주의와 레닌의 민족자결원칙이 국내에도 적지 않은 영향을 주었다. 이에 따라 국내외의 민족운동세력은 국제정세의 변화를 활용하여 독립을 되찾을 수 있으리라 기대했던 것이다.

이러한 논의가 진행되고 있을 때 고종의 갑작스런 죽음은 우리 민족에게 큰 충격을 주었다. 민족운동세력은 고종의 국장일(國葬日)을 활용하여 독립을 선언하는 절호의 기회로 삼았다. 하지만 민족운동세력은 미국과 소련이 말하는 민족자결이 패전국의 식민지에만 적용되는 것일 뿐, 우리 민족의 독립과는 무관하다는 점을 간파하지 못하였다.

그럼에도 불구하고 독립선언은 국내외에서 동시다발적으로 추진되었다. 최초의 독립 선포는 김좌진·김규식·이동녕 등에 의한 만주의 이른바 무오독립선언(1918)이었다. 이어 일본에서도 동경유학생을 중심으로 독립선언서가 발표(2·8독립선언)되었다.

이러한 소식은 국내에도 즉각 알려졌다. 손병희·최린 등 천도교측을 중심으로 이승훈 등의 기독교계, 한용운 등 불교계 인사 등 종교계 지도자들이 비폭력 시위와 독립선언서를 준비하였다. 이들은 처음에는 파고다 공원에서 독립선언식을 거행할 예정이었으나 폭력사태를 우려하여 태화관에서 선언서를 낭독하였다. 그러나 학생들은 파고다 공원에서 독립선언서를 낭독하였고, 이에 동조한 군중들은 독립만세를 외치며 대규모 시위대열을 이루었다. 이 운동은 3월 상순 이후 각 지방의 중소도시와 농촌으로 확산되어 6개월여 동안 지속되었다. 특히 3월 하순에서 4월 중순 사이에 운동의 열기가 최고조에 달했다.

3월 10일 오후 전라남도에서는 최초로 시작된 광주만세시위는 숭일학교 교직원 남궁혁·최병준·김강, 수피아여학교 교사 박애순·홍승애, 강석봉·최한영·서정희 등이 주도하였다. 이들은 부동교 아래 작은 장터에 모인 1천여 명과 함께 만세시위를 시작하여 광주천

만세를 부른 광양장터

을 따라 시가행진을 전개하였다. 이들이 우편국(현, 광주우체국) 앞으로 진출하자 일제의 기마헌병대는 시위대를 강제로 진압, 해산하였다.

바로 이날 전라남도의 서부지역인 장성·영광에서도 각각 만세시위가 전개되었으며, 이후 전라남도 전역으로 확산되었다. 하지만 전남지역의 3·1운동은 다른 지역에 비해 늦게 본격화되었다. 전라남도의 만세시위는 4월 1일 최고조에 다다랐는데, 약 10개 군에서 동시다발적으로 시위가 발생했던 것이다. 그 후 4월 중순까지 간헐적인 시위가 일어났다.

　그러한 상황을 알아보기 위해 3·1운동 관련 재판기록을 정리하면 다음 〈표〉와 같다.

|표| 전라남도 3·1운동 관련 재판 현황

		광주	장성	담양	곡성	구례	광양	순천	여수	영암	목포	강진	해남	합계
직업	학생	1		2			2		1	11	14	5	25	61
	회사원	3		2								1		6
	농업		10	2	1	1	6	13		8		11	14	66
	교사		1		1									2
	상업			2						1			3	6
	노동							2		2	1	1		6
	공무원			1						3		1		5
	무직			2					1			7		10
형량	1년미만	2	3	3		1	8	22	2	2	15	13	29	100
	2년미만		7	6	1			4		7		9	4	38
	2년이상	1	2	2	1					1				7
	집행유예	1								10			2	13
	태형									5		3	7	15
연령	10대	1		4	1		2	1		5	6	8	15	43
	20대	3	4	6			1	12	2	15	7	14	20	84
	30대		6	1	1		2	9		5		4	7	35
	40대						2	2						4
	50대		1				1	2						4
	60대이상					1								1
	미상											2		2
최초 시위일자		3.10	3.10	3.11	3.24	3.11	3.27	4.7		4.10	4.8			

출전 : 독립운동사편찬위원회, 『독립운동사자료집』 5, 고려서림, 1984. 1517~1550쪽.

　위의 〈표〉를 통해 전라남도 3·1운동의 개략적인 현황을 파악할 수 있다. 이를테면, 참가자들의 직업은 학생과 농업(유생 포함)이 가장 많았다. 형량은 1년 미만이 전체의 60% 이상이며, 가장 가벼운 처벌인 태형도 15명이나 되었다. 연령층으로 보면, 20대 중심의 10~30대가 대부분이었다. 다만 구례·광양·순천 등 동부지역에서는 40대 이상의 연령층도 적극 가담했는데, 이들은 유생들이었다. 벌교에서는 도란사(桃蘭社)·이팔사(二八社)·혜지사(蕙芝社) 등의 결사단체가 조직되어 만세시위를 주도하거나 구속자와 그 가족을 후원하였다.

광주를 비롯한 전라남도 3·1운동의 주도층은 다른 지역과 마찬가지로 기독교인, 천도교인, 청년·학생층, 유생층이 많았다. 그런데 전라남도의 3·1운동은 다른 지방에 비해 상대적으로 약세를 보였다. 이는, 10년 전 의병항쟁과 비교해보면 매우 대조적인 양상인데, 아마도 의병항쟁 당시 투쟁역량이 크게 손실된 때문이 아닐까 한다.

전라남도의 권역별 양상을 살펴보면 광주와 목포 등의 도시지역에서는 기독교세력이 시위를 주도하였다. 천도교세력은 순천·여수·구례·광양 등지에서 선전활동을 전개하였으며, 장흥에서는 시위를 주도하였다. 유생층이나 서당교사들은 장성·화순·나주·광양·구례 등지의 시위를 주도하였다. 이들의 시위방법은 가두만세, 산상봉화, 산상만세 등이었다. 20대의 청년층이 가장 큰 비중을 차지하였다. 이들은 대부분 보통학교 혹은 개량서당에서 신교육을 수학했는데, 1920년대 이후 다양한 사회운동을 주도하는 세력으로 성장하였다.

검푸른 파도에 광복의 꿈을 싣고

심지어 절해의 고도인 완도군 소안도는 독립기지로 구축되어 갔다. 소안도 주민들은 1910년대의 토지회수투쟁을 계기로 이미 결속력이 강하게 유지되고 있었다. 송내호와 정남국 등은 1920년 배달청년회를 결성하여 표면상으로는 문화의 발전에 초점을 맞추어 활동하였다. 이들은 사립 중화학원(사립 소안학교로 개편 : 1923)을 설립하여 학생들을 민족교육과 독립의지로 무장시켰다. 그리하여 교사와 학생 중 일부는 모섬인 완도와 전라남도의 청년노농단체에서 주도적 역할을 맡았을 뿐만 아니라 일본과 서울, 중국 관내와 만주 등지로 진출하여 독립운동을 전개하였다. 또한 송내호 등은 1920년대 중반 소안노농연합대성회와 살자회 등의 단체를 만들어 다양한 활동을 전개하였다. 특히 살자회는 대부분 배달청년회 회원들로 구성되었는데, 회원의 상부상조와 정의에 희생할 정신함양 및 신사회의 건설을 도모하는 사상단체를 지향하였다. 이처럼 소안항일운동은 민족교육의 요람과 독립운동기지로서의 역할을 충실히 수행한 점에서 의의가 크다고 하겠다.

소안도 항일기념탑

지금도 소안도에서는 독립운동을 위해 집을 떠나는 사람들에게 불러준 이별가 중, "소안의 뭉게뭉게 피는 꽃송아 / 한말씀 드리노니 새겨 두시오 / 아무리 악풍폭우 심할지라도 / 임 향한 일편단심 변치 마시오"라는 가사가 전해지고 있다.

　이상과 같이 3·1운동은 일본 제국주의의 야만적 폭력에 맞서 비무장 독립만세시위를 지향하였다. 이들은 민족의 자유와 평등을 쟁취하기 위해 식민지해방을 부르짖은 것이다. 이를 통해 민족의 역량을 확인하게 됨으로써 수천 년 동안 지속해온 군주제를 과감히 버리고 민주공화제를 표방한 대한민국 임시정부를 탄생시키는 결정적 계기를 마련하였다. 그러나 한계도 없지 않았는데, 특히 민족운동세력의 지도역량이 미흡한 편이었다.

■ 참고문헌

소안항일운동사료편찬위원회, 『소안항일운동사료집』, 1990.
박찬승, 「전남지방의 3·1운동과 광주학생독립운동」, 『전남사학』 9, 1995.
박이준, 「전남지방의 3·1운동」, 『국내 3·1운동』 Ⅱ(남부), 독립기념관, 2009.

6. 광주학생독립운동

광주학생독립운동은 1929년 10월 30일 나주역 사건을 계기로 한일(韓日) 기차통학생들의 충돌사건으로부터 시작되었다. 11월 3일 광주에서 본격화된 학생시위는 국내뿐만 아니라 간도까지 확산되었는데, 1930년 3월까지 약 5개월 동안 약 280개 교 약 54,000명 이상의 학생들이 참여하였다. 학생층은 3·1운동과 6·10만세운동을 거치면서 민족해방운동의 주체로 성장하였다. 그리하여 1920년대 중반이후 학생운동세력은 동맹휴학을 주도하였으며, 조선인 본위교육과 식민지교육 철폐 등을 주장하면서 일제의 식민지 교육체제에 정면으로 저항하였다. 그 결정판이 바로 광주학생독립운동인 것이다.

식민지의 사슬을 끊고 깨우쳐 나아가자

광주학생독립운동을 언급하기에 앞서 먼저 성진회(醒進會)에 대해 살펴볼 필요가 있다. 성진회는 1926년 11월 광주고등보통학교 학생 장재성과 왕재일, 광주농업학교 학생 문승수 등이 주축이 된 비밀결사였다. 성진회는 1927년 3월 자진해산을 결의하였고, 이후 성진회의 핵심 인물들은 학교별로 독서회를 조직하였으며, 1929년 6월에는 독서회의 중앙기관으로 독서회 중앙본부를 설치하여 광주지역의 학생운동을 이끌어 갔다. 장재성이 주도한 독서회 중앙본부는 1929년 11월 광주의 학생 시위를 민족운동으로 발전시키는 데 큰 영향을 끼쳤다. 따라서 광주학생독립운동이 전국적인 항일운동으로 발전할 수 있었던 배경은 성진회에서 찾을 수 있다.

1929년 10월 30일 나주에서 광주로 통학하던 일본인 중학생들이 나주역을 나오다가 광주공립여자고등보통학교에 다니는 조선인 여학생을 희롱하였다. 이를 목격한 광주고등보통학교 학생 박준채(朴準埰) 등이 일인 학생들을 꾸짖으면서 일인 학생과 조선인 학생 간의 싸움으로 발전하였다. 이 싸움은 역 구내에 있던 순사의 제지로 일시 중단되었으나, 다음 날인 10월 31일과 11월 1일에도 간헐적인 충돌이 계속되었다.

11월 3일은 음력으로 10월 3일로 우리 민족에게는 개천절이었고, 또 학생들에게는 성진회 창립 3주년 기념일이었다. 일본인에게는 4대 명절의 하나인 명치절(明治節)이자 일제의 식민지 수탈을 자축하는 '전남산 누에고치 6백만 석 돌파 경축대회'가 거행되기로 한 날이었다. 일요일임에도 명치절 행사에 강제로 참석했던 조선인 학생들은 나주역 사건과 관련하여 일인 학생에게 유리한 보도를 했던 신문사를 습격하였으며, 일인 학생들과 시내 각처에서 충돌하였다. 이 날의 시위에는 학생뿐만 아니라 시민들도 대거 참여하였다. 시위의 양상이 격렬해지고 의외의 규모로 확대되자, 일본 측은 11월 9일까지 각급 학교에 휴교조치를 내리고, 경찰력을 총동원하여 비상경계태세에 돌입하였다.

장재성이 이끄는 독서회중앙본부는 광주의 각급 학교에 설치되었던 독서회를 중심으로 학생투쟁지도본부를 결성하였다. 이들은 이 운동을 일본 제국주의에 대한 항일시위로 확대·발전시키고자 하였다. 개학이 되자 학생투쟁지도본부는 제2차 궐기 날짜를 광주 장날인 12일로 정하여 광주고보·광주농업학교·광주여자고보·광

학생 시위의 전국 확산을 알려주는
신문기사(동아일보 1930.1.24.)

주사범학교 학생들을 중심으로 대규모 가두투쟁을 전개하였고, 시민들도 이에 가담하였다. 지도부는 광범한 대중의 호응과 참여를 유도하기 위해 광주 장날을 택한 것이다. 이러한 제2차 시위계획은 진상조사차 광주에 와있던 사회운동단체와 긴밀한 협의하에 이루어졌다. 일제는 각급 학교에 재차 휴교령를 내렸고 언론기관에는 보도금지령를 하달하여 사태의 확산을 막으려 하였다.

빛고을 넘어 전국 각지로

광주의 학생 시위는 곧바로 전라도 전역으로 확산되었다. 그 가운데 나주와 목포에서 먼저 광주학생독립운동의 지지시위가 일어났다. 11월 19일, 목포상업학교 학생들이 '피압박민족해방만세'·'식민지해방만세' 등의 전단 살포와 '체포학생 즉시탈환'·'제국주의전쟁 절대반대'·'치안유지법 철폐' 등을 요구하는 시위를 벌였다. 또한 나주지역의 경우, 나주농업보습학교생을 비롯한 학생들이 신간회 나주지부 간부와 나주청년동맹 집행위원 등의 지도아래 나주 장날인 27일날 궐기하였다. 이들도 '조선학생대중만세'·'피압박민족해방만세'를 불렀으며, 아울러 '식민지탄압정치 절대반대'·'언론 집회 출판 결사의 자유획득'·'조선인 본위의 교육실시' 등을 주장하였다. 그 밖에도 여수 수산학교와 순천 농업보습학교 학생들이 맹휴를 단행하였고, 함평농업학교·강진대구보통학교·담양보통학교·목포정명여학교에서도 동맹휴학이나 시위를 계획하였으나 사전에 발각되어 성사되지는 못하였다. 이처럼 목포와 나주뿐만 아니라 전라남도 각지의 학생들이 광주의 11월 투쟁을 적극 지지함과 동시에 민족해방을 지향한 투쟁을 전개한 것이다.

광주학생독립운동의 열기는 전라도를 거쳐 서울 지역으로 확산되었다. 서울 지역의 학생 시위에는 신간회·조선청년총동맹·학생전위동맹 같은 사회단체가 적극 가담하여 학생시위를 전국적인 독립운동으로 발전시켜 나갔다. 서울의 경우 학생시위는 12월 5일 경성제국대학 예과 교실에 '광주검속학생을 탈환하자'라는 다수의 전단이 살포되면서 시작되었다. 이후 16일까지 남녀 전문학교와 중등학교를 비롯하여 모두 30개의 학교에서 1만 2천여 명의 학생들이 시위 또는 맹휴투쟁을 전개하였다. 이로 인해 총 1,400명의 학생들이 검거되었다. 서울의 거의 모든 중등학교 학생들이 참여했던 것이다.

서울의 신간회 본부는 광주학생의 시위를 알리려는 보고회와 구금학생 석방 등을 위한 민중운동자대회를 계획하였으나 일본 경찰의 탄압으로 무산되고 말았다. 일제는 13일 조기 방학을 선포함으로써 사태를 진정시키고자 하였다. 그러나 개학직후인 1월 15일을 전후하여 이화여자고보를 비롯한 20여 개교 남녀 학생 7,000여 명이 연합시위운동에 가담하였다.

12월 이후 서울지역 각급 학교의 시위투쟁이 전개될 때 학생들은 '구속학생을 석방하라'·'광주학생을 따라가자' 등을 외치며 광주학생독립운동의 계승의지를 천명하였다. 또한 이들은 '검거학생 탈환'·'식민지 노예교육반대'·'조선인본위교육실시'·'치안유지법 철폐' 등을 주장하였다. 나아가 '약소민족해방만세'·'제국주의타도만세'·'피압박민족해방만세'·'무산계급혁명만세' 등과 같은 슬로건을 내세움으로써 일본 제국주의 타도를 통한 조선독립의 결의를 다졌다.

당시 광주학생독립운동 관련 기고문에서 독립문제가 본격적으로 제기되었다.

> 학생 대중의 절규는 실로 저들 자신의 절실한 요구인 것이다. 여하한 탄압에도 굴하지 않고 최후까지 싸워감과 동시에 저들의 요구인 '노예교육 일체폐지'는 XX(독립)에 의해서만, 일본제국주를 타도할 때에만 달성된다는 것을 확실히 인식하였다(『식민지시대 민족운동사자료집』3, 국학자료원, 194쪽).

위에서 알 수 있듯이, 당시 학생들의 투쟁이 계급투쟁을 포함한 독립운동으로 전환되었던 것이다.

광주학생독립운동은 해외에까지 전파되어 일본과 만주 각처 그리고 중국 본토와 하와이에서도 학생들이 궐기하였다. 일본에서는 12월 9일 오사카를 시작으로 도쿄를 비롯한 일본 각처에서 전단 살포, 벽보 부착, 시위 등의 항쟁이 있었다. 간도지방과 길림·장춘·

하얼빈 등의 만주 각처와 북경·천진·상해 등지의 중국 관내, 그리고 하와이까지 청년사회단체와 독립운동 단체의 성명, 시위 등의 항쟁이 이어졌다.

11월 3일 광주에서 시작하여 이듬해 3월까지 5개월 동안 국내에서만 250여 개교 5만 4천여 명 학생들이 참가한 광주학생독립운동은 조선인 학생 582명이 퇴학, 2,330명이 무기정학 처분을 당한 대규모 시위였다. 통학열차에서의 시비로 발생한 조선인 학생과 일본인 학생간의 대결이 감정적 차원을 넘어 일본 제국주의 타도라는 민족해방운동으로 발전할 수 있었던 것은 1920년대 학생운동의 조직적 기반이 있었기 때문에 가능한 일이었다. 이러한 점에서 광주학생독립운동은 1920년대 학생운동을 총결산하는 의미를 지니는 것이다. 또한 서울 지역의 12월 항쟁은 신간회·조선청년총동맹·학생전위동맹 같은 사회단체가 참가하여 광주학생독립운동을 전국적으로 확산시키고, '조선인 본위교육'이라는 학생들의 요구에서 한 걸음 나아가 '일본 제국주의 타도'라는 반식민지독립운동으로 발전시켰던 것이다. 광주학생독립운동은 학생들이 주도하고 사회 각 계층이 적극 호응한 3·1운동 이후 최대의 독립운동이라 할 수 있다.

■ 참고문헌

한규무, 『광주학생독립운동』, 독립기념관, 2009.
김성민, 「광주학생운동의 전국적 양상과 이념」, 『한국독립운동사연구』 32, 2009.

　3·1운동을 계기로 이 땅의 민중들은 약소국가의 서러움과 식민지 차별을 자각하기 시작하였다. 일제의 강점 이후 조선인들은 일제의 식민통치 10년 동안 쓰라린 경험을 겪었기 때문이다. 따라서 이 시기 민중들은 민족의식을 자연스럽게 싹틔울 수 있는 조건을 갖추고 있었다. 그러한 의식은 다양한 방향으로 분출되었는데, 농민·노동·청년·여성운동 분야 등 고르게 나타났다. 다만 광주를 포함한 전라남도의 경우에는 인구의 80% 이상이 농업에 종사하고 있었기 때문에 농민운동이 큰 비중을 차지하였다.

소작료와 각종 세금에 찌든 고단한 농민들

　1918년 토지조사사업이 완료될 당시 인구의 80%가 농민이었는데, 그들 가운데 77%가 타인의 토지로 농사를 짓고 살아가는 소작농민이었다. 당시 전체 농가의 3%에 불과한 지주가 농경지의 50%를 차지하고 있었으며, 소작농민들은 그들에게 해마다 수확량의 50~60%에 이르는 고율의 소작료를 바쳐야 했다. 뿐만 아니라 지주가 부담해야 할 수리조합비와 토지세 등도 이들에게 전가되기 일쑤였다.

　한편 일제는 1920년대에 이르러 수리조합사업과 농사개량사업을 강행하고, 농민들에게 면화와 뽕나무 재배를 강요하였다. 이러한 농업정책은 농민의 소득을 증가시키는 것이 아니라 농가의 현금 지출과 추가노동의 부담만을 크게 늘렸을 뿐이다. 또한 농민들은 호세(戶稅)·면비(面費)·농회비·학교조합비 등과 같은 각종 조세와 준조세를 부담하였다. 각종 세금과 농사자금을 조달하기 위해 농민들은 농산물을 싼값에 팔거나 고리대를 빌려 쓸 수밖에 없었다. 곡식을 거둔 후 소작료와 빌려 쓴 돈을 갚고 나면 농민의 수중에는 거의 남는 게 없었다. 농민들은 일 년 내내 땀 흘려 일하고도 가족의 양식마저 부족하여 지주에게 빌리거나 산으로 들로 먹을 것을 찾아 헤매야 했다. 어렵사리 보릿고개를 넘긴 농민들은 농사비용이 없어서 다시 빚을 얻는 등, 고리대의 족쇄에서 헤어나지 못했다.

이른바 지주소작제의 모순은 전남지역에서 더욱 심각하게 나타났다. 전라남도의 경우 농업인구의 2%에 못 미치는 지주가 전체 농경지의 55%, 논의 65%를 소유하고 있었다. 지주 중에는 100정보(1정보 3,000평) 이상을 소유한 거대지주도 많았으며, 소작농 역시 전체 농가의 80%에 달하였다. 따라서 지주가 부리는 마름의 횡포는 극심하여, 소작 조건이 다른 지방보다 더욱 열악했다. 그 결과 소작농민의 궁핍이 극에 달하여 자소작농의 50%, 소작농의 80%는 양식마저 부족한 이른바 춘궁농가(春窮農家)였다. 이러한 상황을 타개하기 위해 전라남도의 농민들은 일찍부터 일제와 지주들을 상대로 적극적인 투쟁을 전개하였다.

1910년대 농민들의 투쟁은 일제의 토지조사사업·임야조사사업에 대한 저항, 일본인 지주들의 토지 수탈에 대한 항거 등으로 나타났다. 특히 나주 궁삼면 농민들이 동양척식주식회사를 상대로 전개한 토지회수투쟁, 신안군 하의도의 농민들이 일본인 지주를 상대로 벌인 토지회수투쟁이 대표적이다.

농민들의 굳센 의지, 노농의 깃발로 펄럭이고

　궁삼면 토지회수투쟁은 1880년대 말부터 1959년에까지 이 지역 농민들이 자신들의 땅을 되찾기 위해 피를 흘리며 벌였던 투쟁이다. 궁삼면은 행정구역상의 명칭이 아니다. 19세기 말 나주평야 일대의 3개 면(상곡·죽곡·지죽면)의 토지가 엄귀비(嚴貴妃)의 경선궁(慶善宮) 소유지가 되면서 궁에 속한 3개 면이라는 의미로 궁삼면(宮三面)이라는 별칭을 얻었다. 궁삼면의 토지 약 45,000두락은 본래 이 지역 농민들의 소유지였으나 나주출신의 토지관리인(김영규)과 경저리(京邸吏, 전성창)의 농간에 의해 경선궁으로 이관되었다. 그후 다시 동양척식주식회사로 소유권이 넘어가자, 농민들은 온갖 희생을 감내하며 끈질긴 투쟁을 펼친 끝에 해방 후에야 비로소 소유권을 되찾을 수 있었다. 토지회수투쟁이 전개된 현장에는 당시의 상황을 알려주는 '오리비 이설기(汚吏碑移設記)'와 '궁삼면항일농민운동기념비'가 서있으며, 문순태의 소설『타오르는 강』에 잘 묘사되어 있다.

나주 궁삼면 항일농민운동기념비

나주 궁삼면 오리비(汚吏碑)

3·1운동 이후 농민들의 저항의식은 대규모 소작쟁의로 터져 나왔다. 농민들은 쟁의를 통해 지주의 일방적인 소작권 취소와 고율 소작료에 대항하였으며, 지세를 비롯한 각종 공과금을 지주가 부담해야 한다고 주장하였다. 쟁의의 규모가 크고 기간이 긴 지역에서는 소작인조합 혹은 투쟁동맹이 결성되었고, 투쟁방법도 시위·농성, 소작료 불납, 경작·추수 거부 등의 형태를 띠면서 다양해졌다. 이제 농민들의 집단적 투쟁은 일상적인 현상이 되었으며, 날로 격렬한 양상을 띠어갔다.

1920년대의 소작쟁의는 전라남도에서 집중적으로 발생하였는데, 1923년부터 급속하게 확산되었다. 예컨대, 1922년 12월 순천군 서면의 소작농민 1,600명은 지세의 지주 부담을 요구하며 면사무소에 몰려가 항의하였다. 이후 순천군내 각 면의 소작농민들은 소작권 이동 반대, 지세 및 공과금의 지주 부담, 소작료 4할 등을 요구하면서 집단적인 대(對) 지주투쟁을 벌여나갔다. 봄에는 지주의 일방적인 소작권 이동에 맞서 공동경작투쟁을 실행하였으며, 추수기에는 소작료불납동맹을 결성하고 소작료 인하를 요구한 끝에 4할 소작료를 관철시켰다.

여기저기에서 대(對) 지주투쟁을 산발적으로 전개하던 농민들은 단결을 강화하고 투쟁의 지속성을 유지하기 위해 단체를 결성하기 시작하였다. 면·리를 중심으로 활동하던 농민단체가 군 단위의 연합기관을 결성하여 단체 간의 연대와 운동의 통일성을 강화한 것이다. 순천군의 경우, 1923년 2월 군내 13개 면 농민단체가 연합하여 순천농민대회연합회를 창립하였다. 그 뒤를 이어 광주·여수·광양에서도 군 단위 연합기관이 결성되었다. 1924년에 접어들면서 농민운동을 통일하려는 노력은 더욱 확대되었다. 그 결과 1924년 3월 전라남북도 노동·농민단체의 연합기관인 전라노농연맹이 광주에서 창립되었다(가맹단체 78개). 같은 해 4월에는 노동·농민운동의 전국적 조직체로서 조선노농총동맹이 창립되었다(가맹단체 174개). 조선노농총동맹은 노동자·농민의 완전한 해방과 신사회 건설을 목표로 내걸었다. 특히 조선노농총동맹은 산하에 소작부를 두고 소작문제를 해결하고자 노력하였는데 소작료 3할 이내, 지세·공과금의 지주 부담, 동척이민 폐지 등을 주장하였다.

굶어 죽을지라도 더 이상 참을 수 없어

농민운동의 조직적 발전과 함께 농민들의 투쟁도 더욱 강고해졌다. 그 가운데 1923년 하반기 이래 암태도·도초도·자은도·지도·진도 등지에서 발생한 소작쟁의는 1920년대를 대표하는 투쟁사례로 꼽히고 있다. 암태도의 농민들은 1923년 가을부터 암태소작인회를 중심으로 단결하여 소작료를 4할로 인하해줄 것을 요구하였다. 지주 측과의 투쟁과정에서 소작인회 간부들이 체포되었지만 농민들은 청년회 및 부녀회와 공동전선을 펴면서 더욱 완강하게 싸워 나갔다. 1924년 6월과 7월에는 수백 명씩 목포로 몰려가 경찰서, 법원, 지주 집 앞에서 시위·농성하며 피검자를 석방하라고 요구하였다.

특히 7월의 '동지탈환투쟁'에서는 부녀자·어린이·노인을 포함한 600여 명이 아사동맹(餓死同盟)을 맺고 단식농성을 벌여 전국의 이목을 집중시켰다. 조선노농총동맹을 비롯한 여러 사회단체에서는 투쟁자금을 보내오거나 연설회 등을 통해 암태도 농민들의 투쟁을 지원하였다. 암태도 농민들의 집요하고 조직적인 투쟁은 일제 당국과 지주 측을 굴복시켜 체포된 사람들이 일부 석방되었고, 소작농민의 요구도 일부 받아들여졌다. 하지만 그 이후에도 지주와 소작인 사이에 소작쟁의가 그치지 않았다. 그러한 상황은 박순동의 『암태도 소작쟁의』와 송기숙의 『암태도』에 잘 묘사되어 있다.

　이처럼 소작쟁의가 격화함에 따라 일제는 강경한 탄압책을 쓰기 시작했다. 농민들의 집단행동은 무자비하게 저지되었고 소작인회의 간부와 열성 회원들은 걸핏하면 구속되었다. 또한 지주들은 다도농담회와 같은 조직을 통해 소작쟁의에 공동 대처하면서 경찰력에 의존하여 쟁의를 무산시키고자 하였다. 이에 따라 농민들의 투쟁은 더욱 완강해지고 폭력적 양상을 띠어갔다.

암태도소작인항쟁기념탑

　1929년 말부터 전 세계를 휩쓴 세계대공황은 조선 농촌을 파멸상태로 몰아넣었다. 무엇보다도 농산물 가격이 폭락했기 때문에 농가 경제는 거의 파탄에 이르렀다. 1925년 가마당 40원이던 쌀값은 1930년에 24원으로 떨어졌다. 더욱이 일제는 본국의 공황 위기를 식민지 조선으로 전가하였고, 지주들은 공황으로 입은 손해를 민중에게 떠넘기려 하였기 때문에 농민들의 피해는 더욱 심각하였다. 이 때문에 1930년부터 소작쟁의가 급증하였으며(표 참조), 투쟁 양상은 더욱 격렬해졌다.

|표| 1930년대 전남지역의 소작쟁의 추이   *단위 : 건

	1930	1931	1932	1933	1934	1935	1936	1937	1938	1939
전국	726	667	305	1,975	7,544	25,834	29,975	31,799	22,596	16,452
전남	146	140	40	665	2,444	5,565	3,771	3,654	4,373	3,608
백분율	20.1%	21%	13.1%	33.7%	32.4%	21.5%	12.6%	11.5%	19.4%	21.9%

출전 : 조선총독부 농림국 편,『조선농지연보』1, 1940, 8~9쪽.

1925년 전국의 소작쟁의 중 204건 가운데 전라남도가 105건을 차지했는데, 대체로 1920년대 전국의 소작쟁의는 불과 수십 건에서 기껏해야 수백 건에 불과하였다. 1930년대 들어서 전라남도의 소작쟁의 건수만 수천 건으로 급증했으니 실로 엄청난 변화가 일어났음을 알 수 있다.

세계적 대공황을 거치면서 농민운동은 과격화되었을 뿐만 아니라 사회주의 계열의 혁명적 농민조합운동과 결합하면서 비합법 지하투쟁으로 바뀌어갔다. 혁명적 농민조합운동은 농민들의 경제적 요구와 함께 '일세 타도', '지주 타도', '토지혁명' 등의 정치적 요구를 내걸고 활동하였다. 1920년대의 농민운동이 합법적으로 결성된 소작인회나 농민조합을 중심으로 소작조건을 개선하려는 경제투쟁에 주력한 데 비해, 1930년대의 조직적 농민운동은 혁명적 농민조합을 중심으로 경제투쟁 외에 정치투쟁에도 많은 노력을 기울였던 것이다. 그러나 전라남도의 혁명적 농민조합운동은 일제의 집중적인 견제를 받았으며, 특히 무려 500여 명이 연루된 1934년의 전남사회운동협의회사건(일명 해남·완도 혁명적 농민조합운동 사건)으로 말미암아 구심점이 크게 흔들리게 되었다.

1937년의 중일전쟁과 1941년의 태평양전쟁을 일으킨 일제는 조선 민중을 더욱 철저히 통제하였다. 그리하여 집단적이고 조직적인 소작쟁의도 점차 자취를 감추었다. 그 대신 농민들은 일제의 눈을 피해 소극적 투쟁을 전개하였다. 이들은 반전·반일(反戰·反日)의 '유언비어'·'불온 언동'·'반시국적 언동'·'낙서' 등을 벌이는 한편, 농산물의 강제 공출, 노동력의 강제 동원, 군수용 작물의 강제 재배 등에 저항하였다. 이러한 농민들의 저항은 1945년 8월 해방의 그날까지 지속되었다.

청년·노동자여 단결하자!

1920년대에 들어 청년회의 결성이 눈에 띄게 증가하였다. 광주청년회를 비롯하여 각 군마다 청년단체가 결성된 것이다. 군 지역의 '유지(有志)'들이 중심이 된 청년단체는 회원 수양과 대중 계몽을 위한 토론회와 강연회를 개최하였으며, 풍속 개량과 문화 진흥의 필요성을 선전하기 위해 연극단을 운영하였다. 또한 이들은 체력도 민족의 실력이라는 관점에서 각종 체육활동을 권장하였고, 민족의 경제력을 향상시키기 위해 산업부를 설치하는 한편, 물산장려운동에도 적극 참여하였다. 특히 이들은 교육사업에 주력했는데, 당시 사회문제가 될 정도로 학교 수가 부족한 현실을 감안하여 각종 강습소와 야학을 운영한 것이다.

1924년을 전후하여 청년운동이 농촌지역으로 확산되는 가운데 면 단위 청년회가 결성됨으로서 이들은 면소작인회와 연대활동을 전 개하였다. 또한 1926년에는 군단위 연합단체인 청년연맹이 출범했 는데, 이후 청년운동은 계급의식으로 무장된 청년을 양성하는 방향 으로 활동하였다. 따라서 이들은 조선공산당과 공청, 신간회 지회, 학생층과의 연대를 강화해갔다.

전라남도는 농업위주의 산업구조였으므로 공업에 종사하는 노동 자는 다른 지방에 비해 적은 편이었다. 일제강점기에 공장 수는 전 국대비 약 7%, 노동자 규모는 14.4%에 지나지 않았다. 공장의 종류 도 쌀이나 면화 가공과 연관된 정미업이나 방직업 및 제사업(製絲 業)이 주종을 이루었다.

하지만 노동자계급의 단결에 기초하여 삶의 질을 향상시키려는 열망은 누구나 같은 것이어서, 1920년대에 여러 부문의 많은 노동단 체가 결성되었다. 노동단체의 대략적인 특징으로는 지역별 노동단 체와 직업별 노동단체가 동시에 조직되었다는 점을 들 수 있다. 또 한 전라남도의 경우 운송·상업·서비스·인쇄·철공·정미 업종의 노동단체가 집중적으로 결성된 점이다. 그리하여 광주에서 최초로 결성된 노동단체는 광주인쇄직공친목회(1919)였다. 비슷한 시기에 전남노동공제회도 창립되었는데, 이후 광주와 목포·순천 등 도시 를 중심으로 150여 개의 노동단체가 결성되었다.

노동단체들은 주로 계몽적 지식인들이 주도하였으며, 노동자의 친목과 상호부조, 직업소개 및 지식계발 등을 주된 활동목표로 설 정하였다. 전라남도의 대표적인 노동쟁의로는 1925년 12월 목포 자 유노조의 파업과 이듬해 1월 제유(製油) 노동자의 파업, 그리고 12 월 담양 정미노조의 동맹파업 등을 들 수 있다. 당시 노동자들은 인격적 대우·임금 인상·노동시간 단축 등을 내세우며 약 4개월 동안 투쟁하였다. 그런데 노동단체의 지도부는 차츰 계급의식을 강조함으로써 조선공산당과 조선공산청년회, 사회주의 동조자들로 변화해갔다. 이처럼 지역 및 직업별 노동단체는 노동운동의 활성화에 기여하였지만, 이념적 스펙트럼에 의한 분열의 한계를 드러내기도 하였다.

한편, 광주에서는 1921년 김필례의 주도로 광주부인회가 결성되었다. 뒤를 이어 광주여성청년회와 광주여자기독청년회가 창립되었다. 이와 같은 여성단체의 결성은 여성의 자각과 교육의 필요성이 크게 대두되던 상황이었기 때문에 여성의 각성과 남성중심 사회의 반성을 촉구하던 흐름과 표리를 이루었다.

이와 같이 수많은 농민·노동·청년·여성단체들이 전국 각지에 우후죽순처럼 생겨나 활동하였다. 이들은 필요할 경우 연합하는 경우도 많았지만, 사상적 경향이 달라 분열을 노정하는 경우도 적지 않았다. 이러한 상황에서 민족단일당을 지향하는 신간회가 약 350여 개 단체를 아우르며 출범하였다(1927). 신간회는 전국적으로 약 3만 명의 회원과 150개 지회를 결성하여 일제와 비타협적 투쟁을 전개하였다. 전라남도에서도 신간회에 적극 참여하여 많은 지회가 설립되었는데, 신간회 전남지회는 주로 광주와 목포 등 도시를 중심으로 활발하게 활동하였다. 이들은 특히 광주학생독립운동의 확산에 크게 기여하였다.

■ 참고문헌

이애숙, 「전남지방의 농민운동」, 『전라남도지』 8, 전라남도지편찬위원회, 1993.

이애숙, 「1920년대 광주지방의 민중운동」, 『전남사학』 9, 1995.

이규수 편, 『항일의 역사, 궁삼면 토지회수투쟁 자료집』, 나주시문화원, 2000.

박찬승, 「1924년 암태도 소작쟁의의 전개과정」, 『한국근현대사연구』 54, 2010.

V.

현대 사회

해방을 맞이한 우리 민족은 자주독립국가 건설과 친일파 청산이라는 과제를 부여받았다. 하지만 우리의 해방은 미국과 소련에 의한 것이었기에 한반도에는 미군과 소련군이 진주하게 되었다.

해방의 기쁨을 누리다

광주·전남지방에도 해방의 소식은 라디오를 통해 전파되었다. 해방을 자축하기 위해 수많은 인파가 충장로와 금남로에 뛰쳐나왔다. 해방의 감격적 분위기가 점차 사그라지면서 한국인들은 현실인식을 하게 되었다. 자주독립국가의 수립과 친일파 청산이 그것이었다.

중앙에서 여운형과 안재홍은 건국준비위원회(이하 건준)를 발족시켰다. 차츰 지방에서도 지방건준 조직이 결성되었다. 해방 후 보름 동안 건준지방조직이

해방의 기쁨을 누리고 있다

145개나 결성되었다. 그만큼 한국인들의 자주독립국가건설에 대한 열망이 강했다는 것이다.

광주·전남지방에서도 건준은 해방 직후 결성되었다. 해방 직후 광주·전남지방에서 활동하던 민족운동가들은 고광표의 집에 모여 전남건준을 결성하기로 의견을 모았다. 그리하여 8월 17일 최흥종을 위원장으로 전남건준이 광주극장(현, 무등씨네마)에서 조직되었다. 최흥종은 광주YMCA를 설립한 개신교 목사로서 일제강점기 광주지역 3·1운동을 주도하였고, 나병구제사업에 헌신하였다. 그는 일제 말기 무등산 증심사의 계곡에 토굴을 파고서 은거하다 해방을 맞이한 인물이었다. 그는 가족, 명예, 재산 등 다섯 가지를 버렸다는 의미에서 오방(五放)이라고 자칭하였다. 당시 광주지방 사람들도 그를 '오방선생'이라 부르며 존경하였다.

전남건준과 함께 치안대가 조직되어 전남지방의 행정과 치안을 해결하였다. 전남건준에 이어 각 부·군단위에서도 건준이 결성되었다. 건준은 지방의 명망가들이 참여하였다. 건준은 미군의 38선 이남 진주를 앞두고 인민공화국을 결성하며 인민위원회(이하 인위)로 개편되었다. 이와 함께 지방에서도 인위가 결성되었는데, 전남인위는 10월 10일 개편되었다. 위원장은 박준규, 부위원장은 국기열, 강석봉, 김철이었다. 전남인위에 이어 각 부·군단위에도 인위가 결성되었다. 박준규는 일제강점기 일제에 의해 작성된 인물평에서 목포지방에서 명성이 아주 높고 신망이 두텁다고 묘사되었다. 그 때문에 그는 인민위원장을 맡았다.

미군이 진주하다

한반도는 일본의 패망과 함께 연합국이 관할하게 되었다. 그 결과 미국과 소련은 38선을 경계로 분할점령을 결정하였다. 38선 이남에는 미군이 들어왔는데 미국은 남한지역에서 군정실시를 결정하였다. 이를 위해 미군은 각 지방에 시찰단을, 다음에는 전술부대를, 마지막으로 군정요원을 파견하여 군정을 실시하였다.

전남지방의 경우 미군은 1945년 10월 22일 제33군정중대가, 다음 날 제101군정단과 제53·61·69군정중대가 광주에 도착하였다. 미군정은 10월 25일자로 린트너(Julius H. Lintner) 중령을 도지사에 임명하였고, 부지사에는 H. H. Bartlett 소령을, 경무국장에 B. M. Seidl 소령을 임명하였다.

전남에 진주한 미군은 이미 전남인위가 도행정을 수행하고 있고, 치안대가 치안유지를 효과적으로 수행하며 주도권을 쥐고 있는 것을 목격하였다. 그런데 미군은 인민위원회를 좌익단체로 생각하였다. 이들이 이같이 생각한 데는 일본인 관리들의 영향이 컸다. 미군의 이러한 판단은 전남지방 뿐만 아니라 미군이 진주한 곳에서는 모두 공통된 것이었다. 미군은 전남지방에 이미 세워진 인민위원회를 부정하고, 그들이 직접 치안 및 행정을 담당하려 하였다. 이에 전남도군정은 인위 및 치안대 파괴를 계획하였다. 이른바 '도지사 암살모의사건'이었다. 이 사건으로 치안대장 김석을 구속시켜, 치안대 및 전남인위를 무력화하였다.

인위의 공백을 파고든 것은 전남지방의 민족주의계였다. 도군정의 고위관리들은 앞서 열거하였듯이 모두 군인이었고, 이들은 행정업무에 익숙하지 않았을 뿐더러, 전남지방의 사정에 대해서도 어두

왔다. 도군정의 조력자가 필요하였다. 조력자로 등장한 이들이 바로 민족주의계였다. 민족주의계의 면면을 살펴보면 지방의 명망가들이 많았고, 이들은 미국 유학을 다녀왔거나, 미국에 우호적이었다. 도지사대리를 맡았던 최영욱과 같은 이들이 대표적이다. 이들은 미군정의 동반자로 부각되었다.

한편 해방과 함께 일제에 의해 징용·징병되었거나 일본에 일자리를 찾아 떠났던 이들이 대거 귀환하였다. 이들을 전재민(戰災民)이라 부르는데 이들은 고향으로 돌아가도 농사지을 땅 한 평이 없었으므로 자신의 고향으로 돌아가지 않고 도시에 정착하는 경우가 많았다. 광주에서는 학동 백화마을에 정착을 하였다. 해방 이후 산업은 더욱 피폐하여 대부분의 전재민들은 취업을 하지 못하여 어려운 생활을 하였고, 전재민 문제는 광주·전남뿐만 아니라 전국적으로 커다란 문제였다.

해방 이후의 변화는 지명에서도 보인다. 현재 충장로와 금남로는 일제강점기 본정과 명치정으로 불렸는데, 1946년 관풍동(觀風洞)으로 개칭하였으며 1947년 관풍동을 충장로 1~3가로 바꾸는 등 여러 지명의 변화가 있었다.

전남건준위원장이었던 최흥종은 일제강점기 말부터 무등산에 오방정을 짓고 나병환자들과 살다가 이를 해방 이후 의제 허백련에게 양도하였다. 의제는 오방정을 춘설헌이라 이름 짓고 주변에 차밭을 가꾸었다. 그는 남종화의 거장으로 이름 떨쳤다. 해방 이후 조국으로 돌아왔던 백범 김구가 남한을 돌면서 강연회를 하다 광주에 들렀다. 백범의 명성은 자자하여 수많은 청년들이 그를 보기 위해 중앙초등학교에 모여들었다. 광주에서 청년들과 시민들을 만났던 김구는 의제를 만나기 위해 춘설헌을 방문하였다.

백범의 광주방문

백범 김구는 일제강점기 항일운동을 하다 여러 발의 총을 맞았는데, 그 가운데 한 개의 총탄이 심장 옆에 박혀 뺄 수가 없었다 한다. 이 때문에 그는 심장에 무리가 있는 일을 하지 못하였다. 그러한 그가 무등산 길을 걸어 올라가 의제 허백련를 만나려 했던 것이다. 결국 백범은 춘설헌까지 올라가지 못하였고, 광주의 젊은 청년들이 그를 엎고 춘설헌까지 갔다고 한다.

좌 · 우익이 서로 싸우다

미군정이 채 자리 잡기 전 1945년 12월 말부터 한반도는 모스크바3상회의 결과 발표로 여러 정치 세력 간에 극심한 대립을 하였다. 모스크바3상회의 결과는 세 가지 사항이었다. 첫째, 한반도에 임시정부를 수립한다. 둘째, 임시정부 수립을 위해 미소공동위원회를 개최한다. 셋째, 미 · 영 · 중 · 소는 임시정부와 협의하여 신탁통치를 실시하며 통치기간은 5년을 넘지 않는다. 이러한 내용은 소련이 제안한 수정안이 관철된 것이었다. 그럼에도 신탁통치가 소련에 의하여 제안되었고, 50년간 실시하자고 주장했다는 왜곡된 내용이 신문에 보도됨으로써 한국인들은 분노하였다. 자주독립국가의 수립을 열망하였던 한국인들은 신탁통치로 인하여 외세의 간섭을 받게 되었다고 인식하였고, 한국인들은 반탁운동의 분위기가 고조되었다. 이때 모스크바3상회의의 사정을 알게 된 좌익세력이 반탁에서 모스크바3상회의 지지로 입장을 바꾸면서 좌익과 우익의 대립은 격화되었다.

광주·전남지방도 예외는 아니었다. 신탁통치의 문제가 광주에 알려지자, 우익세력은 1946년 1월 4일 광주서중학교 교정에서 반탁시민궐기대회를 열었다. 이러한 궐기대회에는 행동대 역할을 하는 청년단체와 학생단체들이 필요하였다. 그리하여 1946년 반탁운동을 기점으로 우익세력들은 청년·학생단체를 조직하였다. 특히 반탁학생연맹은 서중(현 광주제일고)과 의전(현 전남대 의대)을 중심으로 조직의 힘을 확장하기 시작하였다. 이러한 힘을 바탕으로 좌익조직과의 격심한 대치와 충돌이 계속되었다. 이러한 좌·우의 충돌은 1946년 6월 가장 크게 나타났다. 1946년, 6월 16일 좌익계의 민전과 민애청의 구성원 1만여 명이 광주극장에서 '모스크바3상회의 결정 절대지지' 집회를 가진 후 시가행진을 벌이자 경찰과 반탁학련은 이들과 대치하다가 충돌하였다. 좌·우익 간의 대결이 격화되면

반탁시위

서 학생들은 서로 간에 테러를 가하는 사건이 빈발하였고, 심지어
는 죽음을 초래한 경우도 있었다. 이러한 좌·우의 대립은 단독정
부 수립 때까지 지속되었다.

■ 참고문헌

전남일보광주전남현대사기획위원회,『광주전남현대사』1·2, 실천문학사, 1991.
무등역사연구회,『광주·전남의 역사』, 태학사, 2001.
광주시사편찬위원회,『광주시사』4, 광주시사편찬위원회, 1997.

　남과 북에 미군과 소련군의 진주로 인하여 좌와 우는 분열을 시작하였다. 결국 좌우분열은 분단이라는 결과를 낳았다. 이에 분단을 반대하는 세력들은 단독정부수립과 단독선거 반대를 기치로 저항하였다.

단정반대와 5·10단선

　1947년 5월에 재개된 제2차 미소공위의 교착상태로 미국은 한국문제를 유엔에 이관하기로 결정하였다. 유엔총회는 미국의 제의에 따라 유엔한국임시위원단의 설치와 1948년 3월 말까지 자유선거를 실시해서 국회와 정부를 수립하기로 결의안을 제출하였다. 소련의 반대에도 불구하고 미국은 유엔의 감시아래 남북총선거 실시에 관한 제안을 관철시켰다. 유엔한국임시위원단은 38선 이북에 들어갈 수 없었고, 유엔은 소총회에서 가능한 지역에서 총선거 실시를 결정함에 따라 남한지역에서만 단독선거가 실시되었다. 자주독립국가 수립은 좌절되었고, 이는 남북분단을 의미하였다.

　단독선거 실시는 많은 반감을 불러왔다. 미·소에 의한 분단점령으로 잠시 분단은 되었으나 이것이 영구적인 분단으로 이어지리라고 생각한 이들은 많지 않았다. 그만큼 분단은 우리 국민들에게 생소하였던 것이다. 이에 단독선거 반대에 많은 이들이 찬성하였다.

단독선거 반대 투쟁에는 좌익세력이 중심이 되었다. 산상봉화, 전신주 절단, 방화 등이 전국 곳곳에서 있었고, 단독선거 반대의 정점이 바로 제주 4·3항쟁이었다.

5·10 단독선거

이러한 국민들의 반대에도 단독선거는 실시되었다. 미군정의 경찰국장이었던 조병옥은 향보단·민보단을 마을별로 조직하여 이들로 하여금 마을 주민들을 선거에 참여토록 하였다. '선거에 참여하지 않은 것은 공산당에 찬성하는 빨갱이'라고 하여 주민들에게 선거를 강요하였다.

정부수립 이후의 변화된 모습

1948년 5월 단독선거에는 제주 지역을 제외한 38선 이남에서 198명의 제헌의원이 선출되었다. 광주·전남 제헌의원은 광주의 정광호를 비롯하여 목포 이남규 등 29명이 당선되었다. 이후 제헌의원이

5월 31일 소집되었고, 7월 헌법을 제정하여 7월 17일 공포하였다. 국회에서 대통령선거를 실시하여 이승만을 당선시켰고, 8월 15일 정부가 수립되었다.

제1공화국 수립 후 전남도지사는 제헌의원 이남규가 임명되었다. 이남규는 일제강점기 신사참배를 거부했던 기독교 목사 출신으로 해방 이후 이승만의 지지단체였던 독립촉성국민회에서 활동하였다. 당시 독립촉성국민회에는 목사 출신이 다수 활동하였는데, 이남규도 같은 경우였다. 이들은 같은 기독교인이었던 이승만을 지지하였다. 광주부윤에는 윤영선이 임명되었다. 윤영선은 해남윤씨로 일제강점기 관리를 지냈다. 해방 이후 한민당에 참여하였고, 5·10선거에 해남에서 출마하였으나 낙선하였다. 그가 광주부윤에 임명된 것은 이남규와의 인연 때문이었다고 한다. 그는 2대 국회의원 선거에 해남에서 출마하여 당선되었다. 1948년 12월 14일자 『동광신문』을 보면 전남지방 부윤·군수 임명 기사가 보인다. 이렇듯 행정체계가 점점 지방에까지 잡혀가고 있음을 알 수 있다. 1949년 정부는 지방자치법 시행에 따라 부(府)를 시(市)로 개칭하였다. 이에 따라 광주부·목포부·여수군·순천군이 시로 개칭되었다.

한편 여순사건 이후 정부는 주민증을 발급하고 국민들의 여행을 제한하였다. 이는 공산주의자들이 민간에 내려와 활동하는 것을 막고 빨치산에 도움을 줄 수 있는 일부 국민들의 이동을 막아 산 속에 있던 빨치산을 고립시키려 한 것이었다. 결국 주민증의 발급은 국가의 국민 통제에 이용되었다.

다음 절에서 나올 여순사건에서 특이한 점은 '부용산', '산동애가', '여수 부르스' 등과 같은 노래가 나타난 것이다. '부용산'은 1948년 시인 박기동이 작사하고, 안성현이 작곡한 가곡이다.

　〈 부용산 〉
　부용산 오리길에 잔디만 푸르러 푸르러
　솔밭 사이 사이로 회오리 바람타고
　간다는 말 한마디 없이
　너는 가고 말았구나
　피어나지 못한 채 병든 장미는 시들어지고
　부용산 봉우리에 하늘만 푸르러 푸르러

　부용산의 작사가 박기동은 24세의 꽃다운 나이에 세상을 떠난 누이를 벌교 부용산에 묻고서 이 시를 지었다고 한다. 작곡가 안성현은 음악교사였는데 제자 김정희가 폐결핵으로 죽자 박기동의 시에 곡을 붙여 애도하였다. '부용산' 노래가 세상에 나오게 된 연유이다. 이 노래는 여중생들의 입을 통해 불리기 시작하면서 빠르게 퍼져나갔고, 이 노래를 할 수 있는 것만으로도 자부심을 느낄 정도로 이 노래는 당시 지역 최고의 히트곡이었다.

　'여수부르스'는 여순사건 직후, 부모형제를 잃고 폐허로 남은 삶터를 돌아보며 울부짖었던 노래이다.

　여수는 항구였다.
　철석철석 파도치는 항구
　안개 속에 기적소리
　옛님이 있던 …… 어디로 흘러가나
　재만 남은 이 거리에
　부슬부슬 궂은 비만 내리네

　이처럼 잿더미로 변한 비극의 현장에서 숨죽여 부르며 한을 삭였던 노래였던 '여수부르스'는 금지곡이 되었다. '산동애가'는 지리산 인근 마을이 젊은 장정들의 희생이 많아 구례군 산동마을의 아낙들이 입에서 입으로 전해 부르며 퍼져 나간 노래였다. 빨치산과 토벌대에게 참혹한 이중의 고통을 당해야 했던 이 지역 사람들의 회한과 설움이 담겨 있다.

이렇듯 해방 이후 전남지방에서 있었던 비극적인 사건에는 노래가 항상 함께 있었다. 이는 다른 지방에서는 찾아볼 수 없는 현상이었다. 전라도 지방이 갖고 있는 예향으로서의 문화적인 특성이 이러한 비극적 상황에서도 발현되었던 것이다.

여순사건

남한에서 실시된 단독선거는 남한지역에서 저항을 불렀다. 이는 곧 좌우세력의 갈등과 대립으로 이어졌다. 이러한 좌우대립이 정부 수립 후 여순사건으로 이어졌다. 여순사건은 제주 4·3항쟁과 연관되어 이해되기도 하지만 단독정부 수립을 반대하는 좌익의 돌출적인 저항의 측면도 있다. 여순사건은 제주 4·3항쟁과 함께 무고한 민간인 희생자가 대량으로 발생하였다는 점에서 우리 현대사의 비극의 한 장면이 되었다.

1948년 10월 19일 밤 제 14연대의 지창수 상사를 비롯한 40여 명의 군인들이 무기고와 탄약고를 장악하여 반란을 일으켰다. 지창수는 연병장에 14연대의 군인을 불러 모아 "우리를 공격하는 경찰을 타도하자. 동족상잔의 제주출동을 반대한다"고 무장폭동을 부추겼다. 20일 새벽 여수경찰서로 진격 중 파출소를 점거·방화하였으며 읍내 경찰서를 방어중인 경찰과 치열한 공방전을 전개한 끝에 경찰서와 관공서를 점령하였다.

　반군 2천여 명은 여수역에서 기차를 이용하여 순천으로 향하였다. 여수와 순천을 차례로 장악한 반군이 주력부대를 3개 부대로 나누어 재편하였는데 구례·곡성·남원 방면, 벌교·보성·화순 방면, 광양·하동 방면으로 진격하여 전남 동부지역을 거의 장악하였다. 점령 지역에서는 현지의 좌익세력과 학생들이 인민위원회를 구성하였고, 경찰·우익인사를 색출하여 처단하였다. 또한 대규모 군중을 동원하여 인민대회를 개최하였다.

　전남동부지역이 반군의 수중에 넘어갔다는 소식을 접한 정부는 10월 21일 반군토벌사령부 총사령관에 송호성 준장을 임명하여 진압작전을 개시하였다. 구례·곡성을 탈환하였고(10·22), 여수와 순천에 계엄령을 선포하였고, 순천을 공격하여 탈환하였다.(10·23) 광양과 여수 공격에 군의 주력을 투입하였던 진압군은 10월 24일 여수 공격에서 반군의 거센 저항에 밀려 퇴각하였다. 미국의 군사 작전 및 지원을 받아 기갑연대와 항공대를 동원하였고, 해안선까지 봉쇄한 진압군은 10월 27일 여수를 탈환하였다.

　전남동부지역을 거의 회복한 진압군은 경찰 및 우익인사들과 함께 부역자 색출에 나섰다. 이들은 주민들을 학교운동장에 집결시켜 좌익혐의자를 가려내었다. 생명을 부지한 경찰과 우익인사들의 잔인한 보복이 뒤따랐던 것이다. 이 과정에서 수많은 사람들이 무고하게 희생되거나 체포되었다. 교복 입은 학생들은 무조건 잡아갔다는 말이 있을 정도로 객관적 기준이 없었고, 중상모략이 난무하였다. 이와 같은 민족의 비극은 6·25전쟁을 거치며 반전을 거듭하였다.

■ 참고문헌

광주시사편찬위원회, 『광주시사』 4, 광주시사편찬위원회, 1997.
홍영기, 「여순사건에 관한 자료의 성격과 연구현황」, 『지역과 전망』 11, 전남동
    부지역사회연구소, 1999.

좌우 대립으로 결국 우리 민족은 가장 비극적인 전쟁을 치르게 되었다. 이 전쟁에 많은 사람이 희생되었다. 하지만 남과 북의 집권자들은 전쟁을 통해 장기독재를 할 수 있는 기반을 마련하였다.

전쟁의 조짐이 보이다

전남 동부 지역의 탈환으로 여순사건이 종결된 것은 아니었다. 백운산과 조계산 등지로 입산한 반군들이 유격대로 전환하여 군경을 괴롭혔다. 이른바 '빨치산'이라 불리는 유격대는 여순사건에 가담한 14연대 군인들을 모체로 형성되었다. 물론 그 이전에도 소규모 무장조직이 없지 않았다. 야산대라 불리는 이들이 있었다. 이들은 미군정의 좌익 검거 선풍을 피해 입산하였던 무장조직이다. 대개 군 단위별로 조직된 이들은 깊은 산에 근거지를 마련하고 인근 지역의 시위와 파업의 조종, 전신 전화와 철도의 선로 파괴, 경찰서와 선거사무소의 습격을 주도하였다. 그 후 반군의 입산을 계기로 야산대는 본격적인 무장투쟁에 합류했다.

14연대 출신의 입산자들은 다량의 무기를 보유한 데다 군사훈련을 받았기 때문에 '빨치산투쟁'을 선도하였다. 남한 대부분의 험준한 산악지대에 빨치산의 근거지가 구축되었고, 호남지역은 지리산을 배경으로 남한 최대의 유격전구가 형성되었다. 1949년 7월 남조

선유격대가 전국 각지의 유격투쟁을 주도했다. 이들은 민중봉기를 유도하였고, 38선 지역의 국군 병력을 약화시키기 위한 제2전선의 형성을 기도했다. 하지만 1949년 국군의 동계진압작전에 큰 타격을 받아 6·25전쟁 직전에는 거의 궤멸된 상태였다.

이런 상황 속에서 이승만은 반공 이데올로기를 더욱 강화하였다. 그 신호탄이 국가보안법의 제정이었다. 여순사건을 계기로 이승만은 국회에 국가보안법의 제정을 요청하여 1949년 1월 제정하였다. 국가보안법의 제정으로 좌익세력의 성장과 활동을 원천적으로 봉쇄하기 위해서였다. 또한 주민증을 발급하여 국가의 국민 감시를 쉽게 하였다.

이승만 정부는 반공·북진통일을 주장하며 북한과의 대립과 긴장을 통해 단독정부수립으로 인한 취약한 정당성을 만회하려 하였다. 그럴수록 한반도는 긴장상태에 놓이게 되었다.

전쟁이 일어나다

6·25전쟁은 국제적으로는 미국과 소련이 냉전체제에서 주도권을 확보하기 위해 발발하였다. 미국은 동아시아에서 공산체제의 확산을 막고 자본주의를 수호하는 전략을 강화했다. 소련도 공산혁명이 성공한 중국에 고무되어 동아시아에 공산혁명을 확산하기 위해서였다. 국내적으로는 남북에 각각 정부가 수립되었고 양 정부를 이끄는 이승만과 김일성이 집권체제를 강화하기 위해 각각 반공·북진통일을, 민주기지론을 앞세운 남한 해방을 주장하였다. 이렇듯 일촉즉발의 상황에서 전쟁은 피할 수 없었던 것이었다.

1950년 6월 25일 북한 인민군이 조국해방전쟁을 표방하며 38선을 넘어왔다. 인민군은 파죽지세로 남한군을 밀어붙여 7월 중순 호남 지방에까지 들이닥쳤다. 광주에 주둔 중이던 5사단도 방어에 나섰 지만 성공적이지 못하였다. 7월 22일 장성 갈재 방어를 포기한 남한 의 군경은 23일 새벽 북한군의 진격을 지연시키기 위하여 산동교를 폭파하고 후퇴를 서둘렀다. 당시 박철수 전남지사를 비롯한 박기홍 광주시장, 이응준 전남지구 편성관구사령관 등 주요 인사가 광주를 빠져나갔고, 23일 아침 마지막 군용 열차 편으로 우익계 인사들이 광 주를 떠났다. 이 열차가 지나자 남광주역 부근의 철교, 지원동 다리 가 폭파되었다. 그제야 광주 시민들은 사태의 심각성을 깨달았다.

7월 23일 북한군의 선발대가 탱크를 앞세우고 광주에 들어왔다. 광주에 주둔한 인민군은 치안의 장악에 나섰다. 또한 전남지방에 잔존하였던 좌익세력을 중심으로 인민위원회가 구성되었다. 광주 를 점령한 인민군과 좌익세력은 광주형무소에 수감되어 있던 200여 명의 좌익인사와 일반죄수를 석방하였고, 치안담당부서로 내무부 를 설치하여 우익인사의 색출에 나섰다. 그리하여 미군정기 초대 도지사 최영욱과 호남은행장 현준호, 최태근, 박인천, 홍용구, 김삼 수 등을 비롯한 우익인사 2천여 명을 체포하여 광주형무소에 수감 하였다. 이들은 유엔군의 광주수복 때까지 감옥생활을 하였는데, 이들 가운데 500여 명은 인민군이 후퇴할 때 사살되었다.

연합군과 국군이 광주를 수복한 것은 10월 3일 이었다. 그러나 경 찰이 광주에 들어왔다고 해서 곧바로 광주의 치안을 장악할 수는 없었다. 미처 광주를 빠져나가지 못한 좌익세력은 무등산, 영광 불 갑산, 구례 지리산, 화순 백아산, 광양 백운산 등으로 들어가 야음을 틈타 시내로 잦은 출몰을 하였기 때문이다. 따라서 경찰은 도청 주 변에 바리케이드를 치고 겨우 방어만을 하였을 뿐이었다. 무등산이

나 영광 불갑산은 1951년 봄(3~5월)에 국군과 경찰에 궤멸되었고, 다른 지역의 좌익세력은 '빨치산투쟁'을 전쟁기간 이어갔다.

당시 광주가 수복되었을 때 미처 빠져나가지 못했던 인민군들 가운데 일부는 포로가 되었다. 이 포로들은 현재 전남대병원 주변에 막사를 치고 이곳에 수용되었다. 이곳에는 4만 8천여 명의 포로가 수용되었는데 1953년 6월까지 운영되었다.

UN군에 붙잡힌 빨치산

6·25전쟁은 동족상잔의 비극이었다. 무엇보다 같은 민족이 서로의 가슴에 총구를 겨누는 것도 비극이었지만, 전쟁의 가장 잔인한 이면은 전투요원보다 비전투요원 즉, 민간인이 더 많은 희생되었다는 것이다. 6·10민주항쟁 이후 그동안 숨겨져 왔던 진실이 생존자와 희생자의 유가족들이 억울함을 호소하면서 조금씩 드러나기 시작하였다. 이 가운데 우리가 주목해야할 부분은 민간인 희생자의 많은 부분이 바로 남한 정부에 의하여 저질러졌다는 것이다.

광주·전남지방의 집단학살은 보도연맹원학살과 민간인 학살이다. 먼저 보도연맹원 학살을 살펴보자. 보도연맹은 1949년 좌익단체에서 활동했던 인사들을 보호하고 사상을 교화할 목적으로 조직되었다. 이는 일제강점기 독립운동을 하였던 이들을 강제로 전향시켜 만든 보국연맹을 염두에 둔 것이었다. 국민보도연맹은 좌익 성향의 인사를 통제·감시하기 위한 수단이었던 것이다. 보도연맹은

각 경찰서의 지시에 따라 각 군·면·동 단위로 전국에 지부를 결성
하였다. 전향자들은 보도연맹에 의무적으로 가입해야 했으며, 이를
거부하면 구속되었다.

전남지방에서도 1949년 후반 보도연맹지부가 결성되었다. 국기
열이 지부장을 맡았으며, 심사과장은 영암 출신인 김준식이 맡았
다. 전남지부에서 지부장의 권한은 상징적이었으며 실권은 심사과
장과 경찰서 사찰계에 있었다. 심사과장이었던 김준식은 경찰협력
자 출신으로 갑·을·병 등급분류의 실무를 담당하였다. 보도연맹
은 가입이 자발적이 아니었던 만큼 정규교육 등 집단 행사이외에는
별다른 활동이 없었다. 다만 간간이 반공시위·문학강좌 등이 서울
에서 이루어졌을 뿐이다.

그러나 인민군의 남하가 계속되자 정부에서는 보도연맹원들을
북한에 협력할 수 있는 잠재세력으로 간주하여 이들을 학살하게 되
었다. 전남지역에서는 광산지역이 대표적인 경우였다. 광산지역 보
도연맹원들에게 1950년 7월경 소집령이 내렸다. 지서에 모인 사람
들은 갑·을·병으로 분류되었고, 이들로 하여금 대마껍질로 노끈
을 꼬게 하였다. 당시 지평동에는 산사태로 큰 골이 깊이 파여져 있
었는데, 이들은 이곳에서 총살되었다. 미처 총살하지 못한 보도연
맹원들은 생매장을 당하였다. 이곳에서 발굴된 시체가 무려 499구
였다고 목격자들은 증언하였다.

이 같은 집단 학살극은 경찰이 퇴각하기 전인 7월 20일까지 계속
되었다. 광주 시내에서도 경찰은 보도연맹원들을 경찰서·형무소
등으로 불러 모아 현장이나 증심사 계곡 등지에서 집단 사살했다.
이러한 현상은 연해·도서 지역에 이르기까지 광범위한 지역에서
발생했다. 인민군이 진주하자 보도연맹원들의 가족들은 경찰가족

민간인 학살 현장 발굴

들을 찾아다니며 보복하였다.

　민간인 학살은 함평지역에서 발생하였다. 영광 불갑산 인근지역인 나산면 일대에서 자행되었다. 불갑산은 빨치산이 있었던 곳으로 경찰은 이 지역 사람들을 빨치산 동조자로 간주하여 학살하였다. 이처럼 직접적인 전투가 아닌 민간인학살과 그에 대한 보복살상은 전국 어느 지역에서나 발생하였다.

전쟁의 잔상

　전쟁은 피난민도 많이 발생시켰다. 전쟁과 피난민으로 인해 남한의 도시 중 많은 변화를 가져온 곳은 부산과 목포이다. 이 두 도시의 특징은 한반도 남쪽 끝에 위치해 있다는 것이다. 실제 부산은 임시수도로 정해지면서 많은 피난민뿐만 아니라 관공서 및 학교가 옮겨갔다. 부산만 그러했던 것은 아니다. 앞에서 언급했듯이 목포도 부산보다는 규모가 작지만 피난민들이 많이 몰려왔다. 당시 피난민들은 정부를 따라 부산에 가장 많이 갔지만, 남쪽의 끝인 목포에도 많이 와 있었다. 피난민들이 정착하였던 곳이 바로 목포 대성동이었다. 그리고 분단의 고착화로 이 피난민들은 임시로 왔던 피난처에 주저앉아 살게 된 것이다.

또한 도시 규모에 비해 규모가 큰 한국은행 목포지점 건물도 전쟁과 관련이 있다. 전쟁 당시 한국은행 본점에는 많은 금괴가 보관되었고, 이 가운데 일부는 피난과 함께 옮겨갔지만, 일부는 분실되었다고 한다. 한국은행이 옮겨간 금괴는 부산으로 갔지만, 비상사태를 대비하여 목포에도 이를 보관할 수 있는 시설을 마련하기 위하여 한국은행 목포지점이 규모가 크게 지어졌다.

전쟁의 흔적은 우리 일상의 여러 부분에서 찾아 볼 수 있었다. 광주사람들이 자주 가는 무등산에서도 그러한 흔적을 찾아볼 수 있다. 증심사는 광주시내 인근의 큰 사찰인데, 이 증심사도 전쟁의 참상을 겪었다. 1951년 4월에 불이 난 것이다. 당시 증심사에는 불상과 탱화, 범종, 경전 등이 많았는데, 이 모든 것이 잿더미가 되었다. 또한 증심사에 있던 금동석가여래입상과 금동보살입상은 여순사건 때 경찰이 보관하였다가 6·25전쟁 때 분실되었다.

원효사도 6·25전쟁 때 잿더미가 되었다. 1950년 UN군에 의해 수복된 남한지역에는 미처 북으로 가지 못하고 산에 들어간 빨치산이 무등산에도 존재하였다. 이들은 화암동 일대를 경계로 위쪽은 빨치산들이 아래쪽은 국군과 경찰들이 있어 서로 대치하였다고 한다. 바로 이 빨치산 토벌과정에서 원효사는 전소되었다. 이렇듯 전쟁을 겪으면서 인명은 물론 우리 주변의 귀중한 문화재도 사라지게 되었다. 무등산도 전쟁에서 많은 수난을 당한 것이다.

전쟁은 가족 간의 헤어짐을 강요하였다. 이 헤어짐에는 사별뿐만 아니라 생이별도 포함되었다. 무차별적인 연합군의 폭격으로 집을 잃고 가족들은 뿔뿔이 흩어지기도 하였고, 납북·월북으로 인하여 이별이 강요되었다. 전쟁으로 인한 납북자는 8만여 명이었다. 납북자·월북자와 함께 그 가족은 모두 전쟁으로 인한 희생자이고, 아직도 이산가족상봉이 원활하게 이루어지지 않고 있어 이 전쟁은 여전히 진행형이다.

■ 참고문헌

전남일보광주전남현대사기획위원회,『광주전남현대사』1·2, 실천문학사, 1991.
광주시사편찬위원회,『광주시사』4, 광주시사편찬위원회, 1997.
무등역사연구회,『광주·전남의 역사』, 태학사, 2001.

1960년 4·19혁명으로 이승만의 장기독재는 끝났다. 4·19혁명 이후 민주당이 집권하는 장면정부가 수립되었고, 여러 분야에서 민주주의 발전과 경제 개발을 위한 작업을 개시하였다. 하지만 이는 5·16쿠데타에 의하여 좌절되었다. 이후 박정희의 장기집권이 18년 동안 계속되었다.

4·19혁명 - 이승만 장기독재에 저항하다

이승만은 전쟁기간 자신의 권력을 강화해 장기집권을 할 수 있는 기반을 마련하였고, 그 기반에 힘입어 1950년대 이승만 장기독재가 가능하였다. 이러한 상황에서 1960년 3·15부정선거가 자행되었다. 1960년 4월 혁명은 6·25전쟁 이후 한국사회의 총체적 모순구조에 대한 민중의 분노가 폭발한 것이었다. 4월혁명을 촉발시킨 것은 3·15부정선거였다. 이승만 정권은 1960년 3월 15일 예정된 정·부통령 선거에서 승리하기 위하여 온갖 수단과 방법을 가리지 않았다. 특히 민주당 대통령 후보 조병옥의 급작스런 죽음으로 이승만 정권은 자유당 부통령 후보이자 이승만의 후계자인 이기붕을 당선시키기 위하여 혈안이 되었다.

선거가 시작되기 전부터 선거 부정에 대한 논란과 시위가 발생하였다. 그 시작은 2월 28일 대구시위였다. 2월 28일 일요일 예정된

민주당 부통령 후보 장면의 대구유세에 고등학생들이 참가하려하
자 대구의 고교는 갑작스레 기말고사를 본다고 공지하였다. 이에
학교 측의 의도를 간파한 학생들이 교문 밖으로 뛰쳐나가면서 대구
시위는 시작되었다.

3월 15일 자유당의 부정선거는 대규모적이었다. 투표 결과가 나
오기 전부터 국민의 불만은 폭발하고 말았다. 그 시작은 마산이었
다. 엄청난 부정선거를 목격한 마산의 학생과 시민이 부정선거를
규탄하는 시위에 앞장섰다. 광주·전남지역에서도 3·15선거 당일
민주당원들의 소규모 시위가 있었다. 다음날에는 광주공고 학생들
이 부정선거 규탄대회를 계획했으나 사전에 발각되어 좌절되었다.
또한 4월 6일에는 마산의 시위에서 희생된 학생들을 위한 모금운동
을 벌이려고 시도하였다. 광주농고·광주공고·조대부고·숭일고·
전남대학생 등이 광주 남동천주교성당에서 모일 계획을 세웠으나
경찰이 미리 눈치 채는 바람에 실패하고 말았다. 이후에도 광주에
서는 여러 차례의 시위 계획이 있었지만 조직력이 미흡하여 큰 성
과를 내지 못하였다.

그리고 4월 11일 마산 중앙부두에서 눈에 미국산 최루탄 파편이
박힌 김주열의 시신이 발견되면서 시위는 새로운 양상을 띠었다. 4월
18일 고려대 학생들의 시위가 국회의사당 앞에서 전개되었다. 귀교
하던 고대생들이 청계천에서 정치깡패들에게 무자비하게 테러당하
는 사진이 신문에 실리면서 시위는 전국으로 확산되었다.

광주·전남지역에서도 4월 19일 고등학생을 중심으로 시위가 일
어났다. 광주고·광주여고·광주공고·조대부고·숭일고 등 고교
생들을 중심으로 규탄시위가 격렬하게 일어났고 시민들이 합세하
였다. 학생들은 계엄령의 선포를 알리는 경찰차의 확성기 방송에도

굴하지 않고 격렬한 시위를 벌였다. 당시 학생들이 외쳤던 구호는 '부정선거 다시 하라', '구속학생 석방하라', '학원에 자유를 달라', '광주학생 살아있다.' 등이었다.

이 구호를 외치며 충장로와 금남로 일대에서 학생들은 경찰이 휘두르는 경찰봉에 맞서 온몸으로 저항하였다. 이날 밤 시위대 일부는 자유당 도당사무소와 학동파출소를 습격하여 파괴하였다. 더욱이 나이 어린 중학생들도 시위에 합류하면서 혁명의 분위기는 고조되었다. 어두워진 밤거리에는 시민들까지 합세하여 약 1만여 명의 시위대가 '폭력경찰 때려죽여라', '민주역적의 소굴 경찰서를 습격하자' 등의 구호와 함께 경찰서를 습격하였다. 경찰은 최루탄과 위협사격을 가하며 시위대의 해산을 유도하였다. 그러나 시위대는 이에 아랑곳하지 않고 경찰서를 향해 돌진하였다. 이에 당황한 경찰은 시위대를 향하여 발포하였다. 금남로 2가 일대에서 다수의 학생들이 쓰러졌다. 경찰은 주변의 상점이나 가정집에 돌입하여 수색을 벌였고, 피신하였던 학생들을 연행해갔다.

20일 날이 밝자 전남대학생·광주농고 학생 등과 시민들이 광주역전(현, 동부소방서)에서 합류하였다. 시위대는 어깨동무를 하고서 '군대는 학생을 옹호하라', '살인 경찰을 잡아 죽이자' 등의 구호를 외치며 경찰·헌병들과 공방전을 벌였다. 이런 시위는 4월 27일을 마지막으로 종료되었다. 이때 광주지역에서만 경찰의 발포로 7명이 사망하고 71명이 부상하는 큰 인명피해를 입었다.

4·19혁명 이후 각계에서 분출되기 시작한 변화에의 요구는 1주년을 계기로 민족통일운동으로 귀결되었다. 1961년 5월 전남대생들은 민족통일연맹을 결성하고 대의원회 의장에 김시현을 선출하였다. 민주주의에의 염원은 이렇듯 필연적으로 통일에의 열망으로 나

타났다. 그러나 민족통일의 염원은 반공체제 아래의 기득권을 누려오던 보수세력의 위기감을 불러 일으켰다. 4·19혁명은 3·15부정선거 항거에서 시작되었고, 이승만 독재정권을 무너뜨린 시민혁명으로 우리나라 민주주의 발전에 커다란 획을 긋는 역사적 사건이었다. 하지만 4·19혁명은 '미완의 혁명'으로 끝나고 말았다. 1961년 5·16군사쿠데타로 인하여 민주주의로의 여정은 좌절되었기 때문이다.

5·16쿠데타 ~ 유신으로

1961년 5월 16일 서울의 주요 관공서와 방송국을 점거한 일단의 군인들은 군정을 실시하였다. 이들은 4·19혁명 이후 활기차게 전개되던 민주주의의 요구를 사회 혼란으로 규정하였다. '혼란이 계속되면 북의 침략이 우려된다'라는 명분을 내세워 쿠데타와 군정을 실시한 것이다.

광주·전남에서도 쿠데타군은 신속하게 움직였다. 광주 지역에 주둔중인 31사단장은 쿠데타를 주도한 세력과 연결되어 있었다. 쿠데타군은 사전 계획대로 광주에 위치한 도청·광주방송국·경찰서·체신청 등과 같은 주요 행정·치안·언론·통신기관을 장악하였다. 광주에서는 시당국과 일부 학생들이 쿠데타를 지지하였다. 상당수의 중학생들도 쿠데타를 지지하는 시위를 벌였으며, 관제적인 환영대회를 개최하기도 했다. 혼란을 잠재운 후 군은 본연의 임무인 나라를 지키고, 민정이양을 선언했던 쿠데타군은 박정희 자신이 군복을 벗고 권력을 장악하여 국민을 기만하였다.

권력을 잡은 박정희는 미국의 요구대로 한일협정 체결에 적극적이었다. 미국의 요구와 함께 경제개발을 위한 자금을 확보하기 위해 일본의 지원이 절실한 형편이었다. 따라서 대일협상과정에서는 굴욕적일 정도의 저자세를 보였으며 내용상으로도 졸속성을 면하지 못하였다. 이로 인하여 전국적으로 한일협정에 반대하는 운동이 격렬하게 전개되었다.

1962년의 시위는 '한일회담 즉시철폐'와 '매국노의 소환' 등을 요구하였고, 1964년의 6·3항쟁과 이듬해의 한일회담 반대투쟁으로 이어졌다. 1964년 한일회담이 가시화되자 광주·전남 지역에서는 3월 26일 70여 명이 '대일굴욕외교 반대'와 '사수하자, 평화선' 등의 구호를 외치며 가두시위에 나섰다. 학생들은 평화적인 행진을 하며 자신들의 의사를 표명하였으며, 광주학생운동 기념탑에 참배하여 결의를 다졌다. 5월 27일 200여 명의 전남대학생들의 시위에서 '박정권 하야'라는 구호가 전국에서 처음으로 등장하였다.

6월 4일 전남대·조선대·교육대 등의 학생들이 가두시위를 벌였고 일부 고등학생들까지 가담하여 시위대의 규모는 약 5,000여 명을 넘어섰다. 곧 전남대에 휴교 조치가 내려졌다. 당시 광주지역 학생 시위의 주도자는 4·19혁명 당시 고등학생으로 시위에 나섰던 이홍길과 홍갑기 등이었다. 1965년 2월 20일 한일협정이 가조인되자 3월 31일 800여 명의 전남대학생들이 시위를 벌였다. '매국외교 결사반대'를 외치며 경찰과 충돌했다. 수십 명의 학생들이 연행 또는 제적되었고 학생회장 정동년은 실형을 선고받았다.

시민들의 반대에도 불구하고 1965년 6월 22일 한일협정은 정식 조인되었고, 8월 14일 국회는 한일협정 비준안을 통과시켰다. 이렇게 한일협정은 발효되었다. 한일협정은 많은 문제점을 안고 있었고, 그만큼 굴욕적이었다. 일본 제국주의의 식민통치에 대한 사과와 배상을 받지 못했으며, 재일동포의 법적 지위 문제와 강탈해간

문화재의 반환도 해결되지 않았다. 또한 징용·징병자와 원폭피해 한인의 배상도 받지 못하였다. 근로정신대에 끌려가 미쓰비시에서 강제로 일했던 광산구의 할머니들은 지금까지 배상을 받지 못하고 있다. 또한 정신대에 끌려간 할머니들의 '수요집회'가 오늘까지도 계속되고 있는 것이다.

1964년 미국은 통킹만 사건을 일으켜 베트남에 전면적으로 개입 하였다. 이런 상황에서 미국이 한국군의 베트남 파병을 요청하였 다. 박정희 정권은 미국의 정치·군사적 지지와 경제적 지원의 확 대를 기대하면서 한국군의 베트남 파병을 추진하였다. 야당은 베트 남 파병을 '청부전쟁'이라고 비난하였고 박정희 정권은 여당 단독으 로 운영하는 파행국회에서 동의를 받았다.

이처럼 국민적 합의를 얻지 못한 베트남 파병에는 반발이 잇따랐 다. 박정희 정권은 이번에도 즉각 위수령과 휴교 조치로 무마하려 하였다. 전남지방의 대학생들도 베트남 파병을 반대하며 시위를 전 개하였다. 박석무·진성훼 등이 주도하였고, 200여 명의 학생이 시 위에 참여하였다. 이들은 반공법위반으로 구속되었다.

1960년대 후반 경제개발계획에 의한 근대화와 각종 억압 기구들 을 통한 사회 통제에 어느 정도 성공한 박정희 정권은 장기 집권을 시도하였다. 그들은 1969년 대통령의 중임금지 조항을 고쳐 3선을 가능케 하는 방향으로 개헌을 추진하였다. 야당은 즉각 개헌 반대 입장을 표명하였고, 대학가에도 개헌 반대 운동이 전개되었다. 전 남대학교의 경우 9월 11일 300여 명의 학생들이 3선 개헌 성토대회 를 열었다. 이에 박정희 정권은 전남대를 비롯한 몇 개의 대학에 임 시 휴강 조치를 내렸다. 학생과 국민들의 격렬한 반대에도 불구하 고, 1969년 9월 14일 새벽에 개헌안이 국회 별관에서 여당의원 만에 의해 통과되었다. 그리하여 10월 17일 국민투표에서 65.1%의 찬성으로 확정되었다.

1970년대 초기 박정희 정권은 커다란 정치적 위기에 직면하였다. 이러한 상황에서 박정희 정권은 종속적 산업화의 강행, 분단체제와 안보이데올로기의 공고화, 사회적 저항의 원천적 봉쇄를 위해 유신체제를 수립하였다. 1972년 10월 17일 박정희는 이른바 '조국의 평화 통일을 지향'하는 헌법 개정에 관한 대통령 특별선언을 발표하였다. 이 선언에 따라 10월 27일에는 한국적 민주주의를 토착화한다는 명분으로 헌법개정안이 공고되었으며, 개정헌법은 11월 24일 계엄령 하에서 치러진 국민투표에서 통과되었다. 이것이 바로 유신헌법이다.

유신헌법은 대통령 연임 제한이 없으며, 국회의원 ⅓을 통일주체국민회의의 추천을 받아 대통령이 임명하였고(유정회), 대법원장 및 판사의 임명권도 대통령에 있었다. 대통령은 긴급조치를 발동할 권한을 가지고 있었다. 이는 삼권분립 및 의회민주주의의 기본원칙을 전면적으로 부정할 뿐만 아니라 대통령이 무소불위의 권력을 가졌음을 의미한다.

이러한 유신체제에 대한 광주·전남지역의 저항은 1972년 12월 5일 '함성지' 사건으로 시작되었다. 유신체제를 극렬히 비난하는 '함성'이라는 제목의 유인물이 전남대 교내와 시내 일부 지역에 살포되었다. 이 사건으로 관련된 학생 중 7명이 반공법·국가보안법·내란예비음모 혐의 등으로 구속되었고, 2명은 불고지죄로 불구속 입건되었다.

1974년 초 서울대·경북대·전남대 학생들이 '전국민주청년학생총연맹'(약칭 민청학련)을 조직하였다. 전남대에서는 윤한봉이 전남북 총책을, 김상윤이 전남대 연락책으로 활동하였다. 이들은 4월 9일 유인물을 뿌리며 학생동원에 들어갔으나 경찰에 의해 모두 체포되었다. 18명의 전남대 학생이 내란음모와 긴급조치 1호및 4호 위반으로 구속 기소되어, 모두 10년 이상의 중형을 언도받았다. 민청학련사건 이후 각 대학에는 상담지도관실이 설치되었고, 지도교수 제도를 통하여 학생 지도를 명분삼아 학생 감시체제로 활용하였다.

교육지표사건 기념물

75년 이후 정부는 민주화운동을 더욱 더 억압하였다. 학생운동이 간헐적으로 일어났으나 민주화운동은 침체를 벗어나지 못하였다. 그만큼 정부의 감시체제가 확고하게 운영되었음을 의미한다. 이러한 상황에서도 1976~1977년에 걸쳐 함평고구마사건이 발생하였다. 정부가 고구마 생산을 장려하며 전면 수매를 약속하였다가 고구마 수확기 일방적으로 취소해버린 이 사건에 고구마 생산 농가의 농민들이 일어선 것이다. 함평고구마사건은 농민운동 역사에서 농민이 정부를 상대로 스스로 조직하고, 함께 투쟁하여 승리를 쟁취한 사건이다. 또한 이 사건을 계기로 농민운동 조직은 점점 발전할 수 있는 계기를 마련하였다.

1978년 6월 27일 전남대 교수 11명(김두진·김정수·김현곤·명노근·배영남·송기숙·안진오·이방기·이석연·이홍길)은 비민주적인 교육 현실을 비판하고 교육자의 올바른 자세 확립을 선언하는 '우리의 교육지표'를 발표하였다. 이러한 사실이 알려지자, 송기숙 교수 등은 중앙정보부 전남지부 지하실로 연행되었다. 이에 학생들은 교수들의 석방을 요구함과 동시에 유신체제를 비판하는 시위를 격렬하게 전개하였다. 이 사건으로 100여 명의 학생들이 경찰에 연행되었고, 10명의 학생이 구속 기소되어 최고 5년 형을 선고받았다. 또한 서명 교수 중 송기숙은 구속되었으며 서명 교수 모두는 파면되거나 강제 면직 당했다.

산업화의 소외지역, 전라도

박정희 정권은 쿠데타의 정당성을 충족하기 위하여 경제개발, 산업화에 전력을 기울였다. 하지만 이 산업화는 경상도가 중심이 되었다. 구미, 울산, 포항 등 경상도 지역에 여러 공업도시와 공단이 생겨나는 동안 전라도는 국민들의 먹을 것을 책임지는 농도(農道)로서의 의미를 부여받으며 공업화에서 소외되었다.

이를 반증하는 것이 바로 1966년 8월 발족한 전남푸대접 시정위원회이다. 그렇다고 푸대접이 시정된 것은 아니었다. 이러한 전라도 소외는 유신시대가 끝날 때까지 계속되었다. 1967~68년 2년 동안 엄청난 가뭄이 몰아닥쳤다. 이 가뭄으로 인하여 전라도뿐만 아니라 경상도도 커다란 피해를 입었다. 하지만 가장 큰 피해지역은 농업을 주로 하는 전라도 지역이었다. 1969년 가뭄으로 인한 이재민이 168만 명이 나왔고, 피해면적만 40여 만 정보에 이를 정도였다.

농민들이 가장 먼저 할 수 있는 일은 자식을 학교에서 자퇴시키는 것이었다. 이후에는 공업지역이 있는 수도권과 경상도로 자식들을 보내 공장에 취직시키는 것이었다. 특히 10대 후반 여성의 경우 남자형제를 학교에 보낼 부양의 책임을 지고 공장으로 들어갔다. '공순이'의 탄생이었다. 이들은 저임금과 작업 환경이 극도로 열악한 상황에서 기울어져 가는 농촌의 가정을 부양하기 위하여 밤낮을 가리지 않고 일을 하였다. 이들이야말로 우리 산업발달의 주인공인 것이다.

1970년대 박정희 정권은 쌀생산 자급자족을 위하여 농촌에 쌀 증산을 강조하였다. 쌀 증산을 위해 맛은 일반미에 비해 떨어지나 생산량이 많은 통일벼를 농촌에 강요하였다. 통일벼를 심지 않으면 면사무소 직원이나 새마을지도자들이 논에 나가 벼를 뽑아 버리는 일도 속출하였다. 도시에서는 '잡곡밥장려' 등의 운동을 펼쳤는데, 점심시간 도시락 검사를 실시하여 잡곡밥을 먹도록 강요하였다.

박정희 정권은 전남지방 쌀증산을 위하여 '영산강유역농업개발사업' 1단계를 1976년 착수하였다. 이 사업을 위하여 먼저 장성·담양·나주·광주호가 건설하여, 준공하였다. 이는 농도로서의 전남을 확실하게 만들어가기 위한 장치이었다. 1단계에 이어 1978년 2단계가 착수되었는데, 이것이 바로 영산강 하구언 건설이었다. 영산강 하구언은 서남해안의 조수간만 격차가 너무 커 나주 부근까지 피해가 미치고, 연안 농경지에 하천 범람, 농토 침식 등의 피해를 주기 때문에 건설하였다. 또한 인근 지역의 농업용수를 확보하기 위한 것도 있었다.

농도로서의 전남은 농민들에게 많은 소득증대를 가져다주지 못하였다. 박정희 정권의 저임금저곡가정책 때문이었다. 박정희는 일본의 근대화시기 행했던 통치방식과 개발방식을 많이 차용하였다. 그 가운데 하나가 저임금저곡가정책이었다. 저임금저곡가정책은 1960년대 경제개발이 시작되면서부터 관철된 정책이었는데, 결국 이 정책은 농가를 파탄 나게 하는 주범이었다. 이러한 배경에서 농민회가 결성되기 시작하였던 것이다.

박정희 정권의 경기·경상도 중심의 공업화는 전라도의 불만을 낳았다. 이러한 불만을 무마하기 위하여 여수지역에 공업단지를 건설하였다. 1977년 남해화학 여수공장이 완공되었고, 1979년 여수국가산업단지를 완성하였다. 전남지방의 공업단지는 박정희 정권이 전라도의 발전을 위해서 만든 것이 아니라 전라도 소외에 대한 불만이 커져 갔고, 이를 무마하기 위한 것이라는 인상이 짙다.

한편, 유신체제의 저항은 지식인이 중심이 되었으나 유신체제의 억압은 모든 국민들이 당하는 고통이었다. 특히 유신체제는 국민들 모두를 통제·감시하고자 하였다. 장발·미니스커트 길이 단속 등이 대표적인 예이다. 1970년대 미니스커트와 남성의 장발이 한참 유행하였다. 박정희 정권은 퇴폐적이라는 이유로 미니스커트의 길이를 단속하였는데, 무릎 위 20cm가 법이 정한 한계였다. 이를 위반할 경우 경찰에 연행되었는데, 시내 곳곳에서 경찰이 미니스커트를 입은 여성을 단속하는 것이 일상생활의 모습으로 자리 잡았다. 실제로 1970년 6월 2일 광주경찰은 미니스커트 입은 8명을 즉결 심판에 회부하였다.

또한 장발 단속도 지속적으로 하였는데, 장발 남성을 붙잡아 이발 기계로 머리를 깎는 모습은 당시의 사회풍경이었다. 이러한 모습은 학교에서도 볼 수 있었다. 중·고등학교에서도 두발단속을 심하게 하였는데, 학교에서는 이른바 '고속도로내기'라고 하여 머리가 긴 학생들의 머리 한가운데를 이발 기계로 밀어버리는 일이 종종 있었다. 이러한 두발단속은 1980년대에도 계속 되었는데, 이는 유신의 잔재였다.

이외에도 유신체제는 금지곡, 금서 등을 양산해 냈다. 장발 남성 가수가 TV에서 노래 한번 부르고 출연금지와 자신의 곡이 금지되는 웃지 못 할 풍경들이 속출하였다. 이렇듯 유신체제는 국민들의 신체와 옷 입기, 노래 등 생활 전반에 걸쳐서 통제와 단속을 통하여 억압을 하였다. 유신체제의 폭압은 국민들의 저항을 불러 일으켰다. 결국 이러한 저항은 유신체제 내부의 분열을 불러 일으켰고, 결국 자체 붕괴되었다. 박정희의 심복이었던 중앙정보부장 김재규에 의해 박정희가 피살되었던 것이다.

■ 참고문헌

광주시사편찬위원회,『광주시사』4, 광주시사편찬위원회, 1997.
무등역사연구회,『광주·전남의 역사』, 태학사, 2001.

박정희의 죽음으로 남한 사회는 민주주의에 대한 염원이 분출되었다. 하지만 기득권 세력은 12·12쿠데타로 이를 저지하였다. 신군부의 군사독재 음모에 대한 저항이 바로 5·18민주화운동이었다. 5·18민주화운동은 1987년 6·10민주항쟁을 가능하게 하였다. 이후 남한 사회는 민주주의와 남북통일로의 진행이 지금까지 계속되고 있다.

민주주의로의 염원이 분출하다

유신체제의 붕괴로 국민들은 계엄령 철폐 및 민주정부 수립을 요구하였고, 그동안 소외되었던 각계각층의 주장이 분출되었다. 정치권에서는 김대중·김영삼·김종필 등 '3김'의 정치활동이 가열되었다. 이른바 '서울의 봄'이 시작되었다. 이 시기를 주도하였던 것은 역시 학생 및 지식인층이었다. 1979년 11월부터 대학생들은 군사독재의 상징인 학도호국단을 폐지하고 순수한 학생조직인 학생회를 부활시키라고 요구하였다. 그러다 1980년 초부터 학생들은 신군부 및 최규하 정부를 비판하며 민주화의 일정을 제시하라고 주장하였다. 이러한 민주주의의 요구는 대학생들이 개강한 3월에 더욱 솟구쳐 올랐다.

3~4월에 각 대학은 총학생회가 새롭게 출범하였고 학내의 민주화 투쟁에 그 초점을 맞추었다. 그러나 5월에 이르러 대학생들은 '계엄

령 해제', '유신잔당 퇴진', '정부 개헌 중단', '노동3권 보장' 등을 내세우며 정치투쟁에 돌입하였다. 5월 14일 고려대에 모인 서울의 27개 대학 총학생회 대표자 40여 명은 전면적인 가두시위를 전개하기로 결의했다. 15일 서울역에는 10만여 명의 학생이 운집하였고 신군부와 최규하 정부에 대한 성토대회를 벌였다. 이 같은 상황은 광주·부산·대구·인천·목포·청주·춘천 등 대학이 있는 도시마다 대체로 마찬가지였다.

전남대학교에서는 개학과 함께 '전남대 학원자율화추진위원회'(이하 학자추: 위원장 한상석)가 결성되었다. 학자추는 학도호국단을 대신하여 학생들의 대표기관으로 활동했으며 학원자율화 공청회를 열어 학생들의 의견을 수렴하였다. 4월에 실시된 전남대학교 총학생회장선거에서 들불 야학 출신의 박관현이 당선되었다.

들불야학은 1978년 7월 23일 광주의 공단 지역이었던 광천동 성당 교리실에서 창설되었다. 들불야학에 함께 했던 이들로는 박기순, 임낙평, 신영일, 나상진, 김경옥, 윤상원 등 대부분 전남대생이었다. 이 들불야학은 이후 5·18민주화운동에 적극 참여하여 '투사회보'를 제작 배포하였고, 시민궐기대회를 조직하였다. 이러한 박관현의 총학생회장 당선은 광주의 사회 운동 진영과 전남대 총학생회가 결합할 수 있는 발판 구실을 하였다.

총학생회 출범과 함께 학내 민주화 투쟁을 주도해 나가다 5월 들어서면서 총학생회의 활동은 민주화를 위한 정치투쟁으로 전환되었다. 5월 학생들은 '비상계엄 해제'와 '휴교령이 내리면 거부할 것', '양심 있는 교수들은 적극 동참할 것' 등을 주장하였다. 5월 13일 전남대 교수협의회의 시국선언이 발표되었고, 일부 고등학생들의 시위도 일어났다. 광주지역 학생들은 14일 오후 도청 앞 광장에서 대

규모의 집회를 열었다. 5월 15일 오전 전남대에서 민족민주화대성
회를 마친 전남대·조선대·광주 교대생, 전남대 교수와 시민 등
수만 여명은 도청 앞 광장에 모였다. 16일에도 도청 앞 광장에는 5
만여 명이 모였다. 이로써 자신들의 의사를 내외에 천명하였다고
판단한 시민·학생들은 일단 당국의 반응을 기다리기로 했다.

　그러나 국민들의 염원은 짓밟히고 말았다. 12·12쿠데타를 일으
켜 정권의 핵심에 다가선 전두환 등 신군부세력은 무기력한 최규하
정부를 제쳐놓고 5·17 계엄확대를 감행하였다. 그리고 김대중을
비롯한 수많은 민주인사들을 연행하였으며 김영삼·김종필 등 정
치인의 활동을 금지시켰다. 아울러 모든 대학에는 무기한 휴교령이
내려지고 계엄군이 교내에 진주하였다. 광주에서는 제7공수여단 33
대대와 35대대가 전남대와 조선대에 배치되었다. 북한군과의 비정
규전을 수행하기 위해 훈련된 공수부대가 민간인들 대상으로 임무
를 부여받은 것이다. 이는 5·18민주화운동 과정에서 그토록 많은
희생자들이 발생한 요인이 되었다.

항쟁의 불길이 치솟아 올랐다

　계엄군과 학생들의 첫 충돌은 5월 18일 전남대 정문 앞에서 일어
났다. 휴교령에도 불구하고 정문 앞에 학생들이 모이자 계엄군은
학생들을 무차별 구타하며 해산시키려 하였다. 이에 격분한 학생들
은 다시 광주역 광장에 모여 대열을 가다듬었고, '비상계엄 해제',
'김대중씨 석방', '휴교령 철회', '전두환 퇴진', '계엄군 철수' 등을 외
치며 시위를 시작하였다. 그러나 공수부대의 잔인한 살상으로 시내
곳곳에서 시민·학생들의 피해가 속출하였고, 신군부는 시위를 빨

리 진압하기 위해 다시 제11공수여단을 광주로 급파하였다.

19일 오전 10시, 공포가 광주를 뒤덮은 가운데서도 2,000~3,000여 명의 시민들은 금남로에 모여 계엄군과 대치하였고, 공수부대가 최루탄을 발사하자 이들은 투석으로 대항하였다. 그러나 곧 도착한 제11공수여단이 남녀노소를 가리지 않고 무자비하게 진압하는 만행을 저질렀다. 이른바 작전명 '화려한 휴가'가 시작된 것이다. 이 과정에서 쌍방의 감정이 악화되어 사태는 걷잡을 수 없게 되었다. 이는 평화적 시위를 무력으로 제압하려 한 계엄군의 책임이었다.

이 같은 공포분위기 속에서도 20일 오전 시민들은 다시 시내에 모여들었으며, 오후로 접어들면서 수만 명의 인파가 금남로를 메웠다. 시민들과 계엄군의 공방전은 밤늦게까지 계속되었으며, 200여 대의 택시들이 시위행진을 벌이기도 하였다. 이 과정에서 MBC와 KBS 방송국에 화염이 치솟았다. 진실을 제대로 보도하지 않고 '타지역 불순분자들과 고정간첩이 선동한다'는 내용의 방송에 시민들이 격분하여 방화하였다고도 하지만 아직 정확한 진상은 밝혀지지 않았다. 계엄군이 쏜 최초의 발포는 밤 11시 광주역과 광주세무서, 조선대 근처 이 세 곳이었다. 그럼에도 불구하고 시위는 이튿날 새벽까지 계속되었다.

21일 오전 10시 금남로는 10만 인파로 뒤덮였다. 같은 시각 계엄사령관 이희성은 TV를 통해 담화문을 발표하고 '광주사태'를 '불순분자 및 간첩들의 파괴·방화·선동'에 따라 '폭도'들이 일으킨 것으로 왜곡하였다. 다른 지역에서는 이 무렵에야 광주에서 그 어떤 사건이 일어나고 있다는 것을 알게 되었다.

한편 도청 앞에 진주해 있던 공수부대원들에게는 이미 실탄이 지급되었으며, 오후 1시 마침내 이들은 시민을 향해 10분 동안 무차별로 발포하였다. 이 날의 발포책임자가 누구였는가 하는 점은 아직도 풀리지 않고 있으며, 당시 신군부세력들은 서로 책임을 떠넘기기에 급급하고 있다.

이에 스스로 무장할 필요성을 느낀 시민들은 예비군 무기창고, 파출소와 인근 탄광 등에서 소총과 폭약을 확보하고 시민군을 조직하였다. 이들은 광주공원의 시민회관을 본부로 삼았으며, 오후 3시 20분 계엄군에게 응사하였다. 이제 양측의 충돌은 시가총격전 형태로 바뀌었다. 수세에 몰린 계엄군은 오후 5시 30분 퇴각을 결정하고 도청에서 철수하였다. 시민군은 승리를 얻었으나 이미 수많은 희생자를 낸 뒤였다. 병원마다 사상자가 밀려들었으나 의료진과 의약품이 너무 부족하였다. 혈액이 모자라다는 소식이 퍼지자 순식간에 시민들이 몰려와 헌혈하였다.

항쟁은 광주뿐 아니라 인근지역으로도 확산되었다. 21일 도청 앞 발포 이후 화순·나주·함평·영암·강진·무안·해남·목포 등지에서도 시위가 전개되었다. 이에 당황한 계엄군은 도로와 철도를 철저히 봉쇄하여 시위가 북상하는 것을 차단하였다. 그 결과 시위는 광주 이남 서남해안 지역에서 전개되었다.

이튿날인 22일, 오후 12시 30분에는 신부·목사·교수·변호사·정치인 등 20여 명으로 5·18수습대책위원회가 결성되었으며, 오후 9시 학생들이 학생수습대책위원회를 조직하였다. 전자는 계엄사측과의 협상을 맡았으며, 후자는 대민활동을 맡았다. 학생수습대책위원회에서는 장례반·홍보반·차량통제반·무기수거반 등을 만들어 질서를 유지하려 하였다.

23일 시민들은 거리를 청소하였고 시장에서는 시민군에게 식사가 제공되었다. 상점도 문을 열기 시작하였으나 사재기를 하는 시민은 없었다. 도청 맞은편 상무관에는 시신을 담은 관들로 가득 찼고 분향하려는 시민들의 행렬이 길게 이어졌다. 이 같은 시민들의 자발적 노력과 참여로 광주는 점차 질서를 회복해갔다. 이와 같은 상황을 혹자는 '해방광주'의 모습이라고 지칭하였다.

그런데 계엄사에서 시민군의 무장 해제 요구에 두 수습위원회는 강경파와 온건파로 나뉘어 갈등을 빚기 시작하였다. 정부의 사과도 없이 무기반납만큼은 찬성할 수 없다는 주장이 적지 않았다. 온건파는 더 이상의 큰 희생을 막고 평화적으로 사태를 해결해보자는 의도를 갖고 있었다. 그러다 마침내 24일 두 수습위원회에서 온건파는 배제되고 강경파가 두 수습위원회를 장악하였다.

전남도청 앞에서 집회를 하는 광주시민들(5월22일 이후의 모습)

25일 오후 10시 도청에서는 최후까지 투쟁하기 위한 지도부가 결성되었다. 이 무렵 광주 외곽을 완전히 봉쇄한 계엄군은 27일 오전

1시 30분 조선대 뒷산에 집결한 뒤 시내로 진입하기 시작하였다. 제3공수여단 특공조는 4개조로 나뉘어 도청을 압박해 들어왔고 오전 4시가 지나 총성이 울려댔다. 최정예부대인 공수부대 특공조의 총격에 시민군은 처참히 쓰러져갔고, 오전 5시 10분 도청을 비롯한 인근 주요건물들이 계엄군의 수중에 들어갔다. 이로써 시민군의 최후 항전도 끝나고 광주는 다시 계엄군 치하로 바뀌었다. 계엄군의 무력진압 이후 표면적으로 광주는 '평온'을 되찾은 듯하였으나 유족과 시민들의 가슴에는 울분과 원한이 응어리져 있었다.

민주주의를 향한 신념은 계속되다

한편 5·18민주화운동에 있어 미국의 역할은 두고두고 논란이 되었다. 미국정부는 사태의 초기에 깊은 관심과 우려를 나타냈으나 신군부의 무력진압을 적극적으로 제지하지는 않았다. 그리고 한미연합사령부에서는 제33사단 1개 대대의 작전통제권을 한국군에 이양하는 등 단순한 방조 차원을 넘어 광주의 유혈진압을 승인하였다는 의심도 떨쳐버릴 수 없다. 이 같은 5·18민주화운동 당시 미국의 태도는 1980년대 한국사회에서 반미감정이 고조되는 한 요인이 되었다. 1982년 부산미문화원방화사건도 그 같은 사례의 하나이다.

5·18민주화운동은 1980년대 한국사회의 최대현안으로 떠올랐으며, 전두환·노태우 군부독재의 정통성·도덕성을 부정하는 가장 중요한 근거가 되기도 하였다. 5·18민주화운동 정신은 반독재투쟁의 이념적 토대를 이루었으며, 해마다 5월이면 광주는 물론 전국의 대학가에서는 이를 기리기 위한 집회와 투쟁이 끊이지 않았다. 그리고 희생자들이 묻힌 망월동묘역은 '민주화의 성지'로서 자리 잡았다.

최근 영화 '26'년이 개봉되어 5·18민주화운동에 대한 내용과 관련자들의 고통 등이 묘사되어 5·18민주화운동 이후 세대들에게 공감을 얻었던 것은 고무적인 현상이다. 특히 제작비를 두레를 통하여 일반시민들이 십시일반으로 부담하여 충당하였다는 것은 5·18민주화운동에 대한 시민들의 관심이 여전함을 말해주는 것이다. 5·18민주화운동은 신군부의 정권찬탈에 맞서 일어난 당시 유일한 저항이었으며, 공수부대의 야만적 진압에 시민들이 하나 되어 최후까지 투쟁한 의거였다. 또한 희생자들이 흘린 피와 땀은 한국사회의 민주화를 앞당기는데 큰 영향을 끼쳤다.

1980년대는 민주화에 대한 국민들의 열망으로 들끓었다. 이러한 열망의 분출이 1987년 6월민주항쟁이다. 6월민주항쟁은 전두환정권이 민주화운동을 철저히 봉쇄하였기 때문에 일어난 것이다. 1987년 1월 박종철 고문치사 사건이 발생하였다. 박종철의 죽음에 대한 진상규명 요구는 대규모 집회로 이어졌다. 이전부터 국민들은 민주화와 직선제에 대한 열망이 강하였다. 그런 상황에서 박종철의 죽음은 국민들에게 민주주의의 열망을 표출하는 분수령이 되었다.

1987년 5월 '민주헌법쟁취국민운동본부'가 발족해 6월 10일 '박종철 군 고문살인조작 범국민규탄대회'를 열기로 했다. 이날은 잠실체육관에서 민정당 대통령 지명대회가 열릴 예정이었고, 국민운동본부는 전국에서 국민대회를 개최하였다. 그런데 6월 9일 연세대에서의 시위에서 이한열이 최루탄을 맞고 쓰러졌다.

광주에서는 '호헌철폐와 민주헌법쟁취 전남본부'의 주도하에 도청 앞에서 집회가 개최되었다. 하지만 경찰은 도청 앞에 모인 시민들과 학생들에게 최루탄을 쏘아 집회를 저지하려 하였다. 광주 도심 곳곳에서 시위가 있었고, 이 시위는 하루에 끝나는 것이 아니었다. 이는 전국적인 현상이었다. 매일 전국의 대도시에서 시위가 있었다. 그리고 이 시위는 학생들뿐만 아니라 시민들까지 함께하는 것이었다. 국민들의 민주화에 대한 열망이 분출한 것이었다.

6월 20일 광주에서는 20만 명 이상이 참여하는 시위가 전개되었고, 이는 6월 26일 '민주헌법쟁취 국민평화대행진'으로 극대화되었다. 전국 동시다발 최대의 시위가 벌어졌고, 곳곳에서 전투경찰이 시민들에 의해 무장해제를 당하였다. 결국 전두환 정권은 국민들에게 굴복당해 민정당 대통령후보 노태우로 하여금 6월 29일 시국수습방안을 발표하게 했다. 일명 '6·29선언'이라고 하는데, 이 내용을 보면 여야 합의에 의한 대통령직선제 개헌 후 대통령 선거 실시, 대통령 선거법 개정, 김대중 사면·복권과 시국사범 대폭 석방, 인권 침해 시정을 위한 제도적 개선, 언론기본법 개폐 등으로 언론 자유 창달, 지방자치제·교육자치제 조속 실시, 정당 활동 보장, 사회정화조치 강구 등 8개 항이었다.

6월민주항쟁은 국민들이 정권을 향하

6·10항쟁 때 최루탄에 맞아 사망한 이한열의 장례식

여 민주화를 요구하였고, 결국 이를 쟁취하였던 80년대 민주화운동의 절정이었다. 이는 이후 7, 8월의 노동자대투쟁으로 이어졌고, 1990년대까지 이어지는 우리 사회의 민주화와 정권교체를 이룰 수 있었던 디딤돌이었다.

1988년 실시된 총선에서 집권당 민정당은 소수여당이 되었다. 그리고 통일민주당과, 평화민주당, 공화당 등 야당이 다수를 차지하였다. 이 총선은 지역주의가 더 심화되었다는 문제점을 드러냈음에도 불구하고, 노태우 정권이 일방적으로 정국을 이끌어 갈 수 없는 상황을 만들었다. 여소야대정국이 형성된 것이다. 이 여소야대정국에서 휴전협정 체결 이후 최초로 국회가 제 기능을 살려 행정부를 견제하게 됐다. 여러 악법이 개폐되고, 1988년 9월 헌법재판소가 문을 열었다. 노태우 정권은 전두환 일가 비리를 수사하고, 일부 5공 실세를 물러나게 했다. 특히 1988년 11월부터 국회 내에 '5·18광주민주화운동진상조사특위', '제5공화국에 있어서의 정치권력형 비리조사특위' 등이 설치되어 청문회를 열어 광주사태 진상규명, 정경유착 규명, 일해재단 비리규명, 1980년 언론통폐합 등의 진상규명 활동이 전개되었다. 이 청문회는 TV로 생중계되었는데, 노무현은 당시 청문회가 낳은 스타였다.

우리 사회에서 처음으로 평화적 정권교체가 가능하였던 것은 1997년이었다. 1948년 정부수립 이후 여당 출신이 계속 대통령으로 집권하였는데, 1997년 야당인 새정치국민회의 대통령 후보 김대중이 당선되었다. 전라도를 정치적인 지지기반으로 가지고 있었던 김대중은 결코 자력으로 당선되기 어려웠다. 결국 김대중은 김종필과 연합을 하여 대통령에 당선될 수 있었다. 여전히 지역주의가 우리 사회에 큰 영향력을 끼치고 있음을 드러낸 것이다.

김대중은 당선된 이후 남북관계의 개선에 관심을 두었다. 김대중의 대북정책을 '햇빛정책'이라고 부르는데, 남북의 화해와 협력을 도모하고자 하였다. 이 '햇빛정책'이 구체화된 것이 바로 대통령의 평양방문이었다. 2000년 6월 13일 남한 대통령 김대중이 평양 순안공항에 도착했을 때 북의 지도자 김정일이 이례적으로 직접 영접을 나왔다. 이 모습은 TV화면을 통해 남쪽에 그대로 보였는데, 그동안 반공교육을 받고 자란 남한의 국민들에게는 충

평양순안공항에서 남북지도자 김대중과 김정일

격이었다. 두 사람은 장시간 정상회담을 가졌고, 통일문제를 자주적으로 해결하고 남측의 연합제안과 북측의 낮은 단계의 연방 제안의 방향에서 통일을 지향한다는 '6·15 남북공동선언'을 발표하였다. 이로서 통일을 향해 한 발짝 나아가는 계기를 마련하였고, 김대중 대통령은 노벨평화상을 수상하였다.

■ 참고문헌

광주시사편찬위원회, 『광주시사』 4, 광주시사편찬위원회, 1997.
무등역사연구회, 『광주·전남의 역사』, 태학사, 2001.
서중석, 『한국현대사60년』, 역사비평사, 2007.

찾아보기